Georg Steinberger · In den Spuren Jesu

GEORG STEINBERGER

In den Spuren Jesu

Das Lebenszeugnis des Georg Steinberger

CHRISTLICHES VERLAGSHAUS GMBH
STUTTGART

ABCteam

Bücher mit diesem Zeichen wollen
aktuell und biblisch Christus bezeugen.

ABCteam-Bücher erscheinen in folgenden Verlagen:

Aussaat- und Schriftenmissions-Verlag Neukirchen
R. Brockhaus Verlag Wuppertal
Brunnen Verlag Gießen (und Brunnquell Verlag)
Christliche Verlagsanstalt Konstanz
(und Friedrich Bahn Verlag / Sonnenweg-Verlag)
Christliches Verlagshaus Stuttgart
(und Evangelischer Missionsverlag)
Oncken Verlag Wuppertal

Früher erschienen im Selbstverlag
Rämismühle/Schweiz

1988

Umschlaggestaltung: werba
Umschlagfoto: Fotokunst-Verlag Groh, Wörthsee
Gesamtherstellung: Druckhaus West GmbH, Stuttgart
ISBN 3-7675-3333-2

Inhalt

Steinbergers Leben und Wirken

In einem kleinen Dorf der bayerischen Hochalpen, wo die Bauern in dauerndem Kampf mit den Mächten der Natur ihr kümmerliches Dasein fristen, wurde am 3. Dezember 1865 Georg Steinberger geboren. Seine Mutter war als Näherin bei den Bauern tätig und deswegen selten daheim. Nur herzlich wenig konnte sie sich um den Jungen kümmern. Schon früh mußte Georg bei den Arbeiten in Haus und Hof helfen, um zusätzlich ein Stück Brot für den immer knurrenden Magen zu bekommen.

Die Jahre vergingen, und die Schulzeit nahte. Aus dem kleinen zarten Buben war ein frischer, aufgeweckter Junge geworden. Die Schularbeiten machten ihm viel Freude, besonders bei seinem »interessanten« Lehrer. Dieser Mann nämlich schwärmte für die Heidenmission und nahm jede sich bietende Gelegenheit wahr, davon zu erzählen. In Steinberger fand er einen besonders aufmerksamen Zuhörer, der sich an den Schilderungen begeisterte und auch außerhalb des Unterrichts alles über die fernen Länder, die Eingeborenen und ihr Leben wissen wollte. Das Interesse ging so weit, daß Lehrer und Schüler den Beschluß faßten, bei einer sich ergebenden Möglichkeit Missionare zu werden und das Evangelium zu verkünden.

Aber diesen Plänen setzte die rauhe Wirklichkeit ein Ende. Georg Steinberger war jetzt 14 Jahre alt und mußte in die Fremde, um das Handwerk eines Schuhmachers zu erlernen. Hart genug war die Arbeit, die dem Lehrling zugewiesen wurde: neben Botengängen und dem täglichen Aufräumen der Werkstatt verlangte die Meisterin Hilfe im Haushalt. Auf den Feierabend nahm keiner Rücksicht, und ein paar Stunden tiefen erschöpften Schlafs mußten genügen. Da war auch für Geselligkeit und Bekanntschaft mit älteren, erfahrenen Menschen für den Lehrjungen, der im Entwicklungsalter Fragen und Gedanken auf sich zukommen sah, keinerlei Möglichkeit.

1883 war es endlich soweit, daß Georg Steinberger sein Bündel schnallen und dem alten Brauch entsprechend auf die Wanderschaft gehen konnte. Doch in seinem Inneren sah es trostlos aus. Die Frage nach Gott, nach dem Weg der Erlösung und das Bewußtsein menschlicher Unfähigkeit, ja, alle Probleme des christusfernen Wesens bedrückten ihn sehr. Der Wanderbursche zog rastlos von Ort zu Ort, und die Welt erschien kümmerlich, ohne jeden Reiz. Das fiel ihm so recht auf, als er auf seinen Wegen in die Schweiz kam, in Zürich die große Landesausstellung sah und den krassen Unterschied zwischen sich und den fröhlichen Menschen seiner Umgebung erlebte. Er mußte inmitten des Festtrubels ununterbrochen an das Bibelwort denken, mit dem er nicht fertig werden konnte: »Die Welt vergeht mit ihrer Lust; wer aber den Willen Gottes tut, der bleibt in Ewigkeit!«

Mit der Einberufung zum Militär allerdings fand dieses ruhelose Umherirren sein Ende. Der Dienst, war er mitunter auch noch so anstrengend, machte dem Bauernbuben keine Schwierigkeiten. Der Rekrut Steinberger lebte anspruchslos und bescheiden, sogar den einfachen Vergnügen seiner Kameraden stand er ablehnend gegenüber. Sie bedeuteten ihm nichts. Lieber sparte er von seinem nicht gerade üppigen Sold eine kleine Summe für spätere Zeit.

Wie im Flug vergingen die zwei Jahre, und es galt, das ruhelose Wanderleben wieder aufzunehmen. Aber nun lenkte mehr als nur der blinde Zufall Steinberger nach Ludwigshafen am Rhein. Der dort tätige Stadtmissionar, der es mit der Betreuung Zugereister sehr ernst nahm, fand bald heraus, daß der Schustergesell innerlich unzufrieden und zerrüttet war. Aus langjähriger Praxis wußte er, daß in diesen Fällen eigentlich nur die Begegnung mit gläubigen Christen helfen kann. Deswegen gab er Georg Steinberger auf, neben der täglichen Arbeit noch Besuche bei Einsamen, Notleidenden und Kranken zu machen. Der junge Mann erlebte eine Fülle menschlicher Schicksale.

Was er dabei erkannte, hat er später einmal niedergeschrieben: »Der Wert und die Bedeutung meines Lebens begann mit dem Zug des Vaters zum Sohne hin. Bis dahin war mein Leben so inhaltsleer, arm und bedeutungslos, wie es nur igendeins sein konnte. In der Heiligen Schrift beginnt das neue Leben einiger Menschen schon mit ihrer zartesten Kindheit; schon da hat der Geist eine Geschichte mit ihnen gehabt und in frommen Eltern ein geistliches Kapitel für sie niedergelegt. Bei anderen wird dieses alles übergangen, und ihre Geschichte beginnt erst da, wo sie zu Gott gebracht wurden und für Gott eintraten.

Auch meine Geschichte kann erst da beginnen, wo Gott mit mir anfing und mich zog. Freilich reichte dieses Ziehen Gottes zurück bis in mein 9. und 17. Lebensjahr, aber ich wußte doch bei alledem nicht, was es war und worum es sich handelte. Und weil ich gar keine Gelegenheit und keine Anleitung zu einer Bekehrung hatte, blieb das alles in meiner Seele stekken, und es kam nicht zu einer Geburt aus dem Geist, obwohl ein lebendiges Wort Gottes in mich gelegt war, das diese hätte wirken können. Bis zu meinem 22. Lebensjahr hatte ich nie das Glück, einen bekehrten, betenden Menschen kennenzulernen. Weder in unserem Haus noch in den Häusern, wo ich sonst war, hatte ich einmal einer Hausandacht beigewohnt oder ein Herzensgebet zu Gott gehört.

Als ich im 22. Jahr zum dritten Mal den Zug des himmlischen Vaters in meinem Innern verspüren durfte, wohnte ich in einem Wirtshaus, aber ich betrat niemals die Wirtsstube, da ich etwas anderes suchte. Ich hatte Durst nach Gott, und um diesen Hunger zu stillen, suchte ich mir den Brunnen. Einer von diesen Brunnen hieß ›Gesetz‹, und der andere hieß ›Barmherzigkeit‹. Weil mir das Wort immer wieder in Erinnerung kam: ›Der Mensch muß Rechenschaft geben von jedem unnützen Wort, das er geredet hat‹, machte ich es mir zum Gesetz, nur das wirklich Notwendige zu sprechen. Weil ich dadurch aber nicht glücklicher, sondern immer unglücklicher und düsterer wurde, suchte ich ein anderes Wasser, das dieses bittere versüßen sollte. Dies hieß ›Barmherzigkeit‹ und von nun an trieb mich das Wort: ›Wer Barmherzigkeit tut, der wird Barmherzigkeit erlangen‹. Fast all mein verdientes Geld gab ich einer Witwe, die mit ihren sieben Kindern in großer Armut lebte. Aber Frieden fand ich dadurch nicht.«

Trotzdem tat Steinberger weiterhin seinen Helferdienst in der Stadtmission zu Ludwigshafen. Unter den vielen Besuchen, die er dort machte, ist ihm einer besonders fest in der Erinnerung geblieben, und er berichtet davon: »Auf meinen Gängen kam ich zu einer alten bekehrten Christin, deren Mann kürzlich selig heimgegangen war. Diese mußte wohl gesehen haben, daß mir trotz meines Eifers noch die eigentlichen Erfahrungen im Christenleben fehlten, daß sich in mir noch kein fester Punkt gestaltet hatte, an den sich Weiteres hätte anschließen können; darum sprach sie fast immer mit mir von Wiedergeburt, was ich wohl gern hörte, aber nicht verstand. Eines Tages erzählte sie mir vom Sterben ihres Mannes, was dann mit die Ursache zu meiner ersten bestimmten Erfahrung auf dem Heilsweg wurde. Sie sagte ungefähr: Fünf Minuten vor dem Heimgang meines lieben Mannes fragte ich ihn noch leise ins Ohr: ›Wie ist dir zumute, Papa?‹ Kaum hatte ich das gesagt, richtete er sich noch einmal auf in seinem Bett, hob Augen und Hände zum Himmel empor und sagte mit verklärtem Angesicht:

›Bald ist es überwunden
nur durch des Lammes Blut,
das in den schwersten Stunden
die größten Wunder tut.‹

Dann sank er zurück und war daheim. – Dieses Bekenntnis eines Sterbenden ging mir durch Mark und

Bein. Immer stand es vor mir: des Lammes Blut, das in den schwersten Stunden die größten Wunder tut! Zwar hatte auch ich viele schwere Stunden durchlebt, aber was war es um des Lammes Blut? Heute kenne ich es! Anbetung sei dem Lamm, und sein Blut soll das Thema meines Lebens werden.«

So erkannte der junge Mann die Richtung zum rechten Dienst in Gottes Weinberg. Steinberger wußte nun das, was er immer wieder verzweifelt gesucht hatte: den Weg zu Gott, dem himmlischen Vater. Doch ganz befriedigt war er noch nicht, denn sein Gebetsleben brachte ihn immer wieder in schwere innere Kämpfe.

Später hat er bezeugt, wie ihm die erste Gebetserhörung gelang und die Heilsgewißheit über ihn kam: »An meine erste Gebetserhörung knüpft sich nicht nur eine Kette von gesegneten Erfahrungen, sondern durch sie gewann ich vor allem einen festen Punkt in meinem Suchen nach lebendiger Gemeinschaft mit Gott. Mit überwältigender Klarheit legte es sich auf mich: ›Gott ist! Gott erhört! Gott erhört dich!‹ Ich hatte ja bis dahin keine direkte Gebetserhörung erlebt. Ich betete wohl viel in meinen schweren Stunden aus einem Gebetsbüchlein, aber die Gebete dort waren nicht so, daß ich zum Warten auf eine Erhörung veranlaßt worden wäre.

In jener Zeit nämlich, in der ich mir durch Barmherzigkeit-Tun die Barmherzigkeit Gottes sichern wollte, kam ich wieder beim Blätterverteilen zu einer armen Witwe, die ihre Kinder mühsam durchfütterte. Diese

Witwe aber hatte auch eine große Hausmietschuld zu tragen. Weil keine Aussicht für sie bestand, die Schuld bezahlen zu können, drohte ihr der Hausherr, sie müsse in nächster Zeit die Wohnung räumen. Außerdem drohte die Stadtverwaltung, sie würde mit den Kindern in ihr heimatliches Dorf ausgewiesen. Als ich diese Not gesehen und gehört hatte, konnte ich sie nicht mehr loswerden. Denn gerade Not war ja das, was ich von Jugend auf am besten kennengelernt hatte. Immer wieder hieß es in mir ›Der rechtschaffene Gottesdienst ist der, die Witwen und Waisen in ihrer Trübsal besuchen und sich von der Welt unbefleckt erhalten‹. Dazu las ich auch in jener Zeit die Lebensbeschreibung des Waisenvaters Georg Müller in Bristol, und so entschloß ich mich schließlich, der Frau die Hausmieteschuld zu bezahlen. Und damit es überhaupt keine solche mehr geben sollte, bezahlte ich diese jeden Monat für sie.

Dies tat ich über ein Jahr in aller Stille, bis es die Frau erfuhr, bei der ich logierte. Diese sagte nun einmal nach dem Mittagessen: ›Sie sind der dümmste Mensch, den es gibt. Sie arbeiten die ganze Woche von morgens 7 bis abends 8 Uhr, trinken kein Glas Bier und hängen Ihr sauer verdientes Geld solchen Leuten an. Sparen Sie doch Ihr Geld! Sie werden ja auch einmal alt; und wenn Sie krank werden, was wollen Sie dann machen? So dumm wie Sie ist niemand!‹

Ich weiß nicht mehr, was ich darauf antwortete; aber es hat mich viel beschäftigt, und obwohl ich nicht am Gelde hing, schien es mir doch, als ob die Frau recht vernünftig sei und ich dumm. Endlich nach langem

Kampf wurde mir klar, daß ich die Sache Gott entscheiden lassen sollte, der, wie ich meinte, mich dazu angetrieben hatte, dies zu tun.

Weil ich fast jeden Abend über die Zeit arbeitete und allein in dem großen Fabrikraum war, kroch ich hinter einen Stoß Bretter, welche der Länge nach an der Wand aufgestellt waren, kniete nieder und betete ungefähr folgendes Gebet: »Lieber Gott, wenn Du willst, daß ich der Witwe noch weiter die Hausmiete zahlen soll, so gib mir für den Monat, der gerade jetzt fällig ist, das Geld. Daraus will ich erkennen, daß ich noch weiter für sie sorgen soll‹. – So betete ich, und am nächsten Morgen sagte ich dieselben einfachen Worte. Und siehe, schon am gleichen Tage nach dem Mittagessen kam ein Freund aus dem Jünglingsverein zu mir und sagte: ›Ich habe gehört, daß du die Witwe N. unterstützt. Hier will ich dir etwas geben für sie!‹ Ich war sehr überrascht, denn so schnell hatte ich mir die Erhörung nicht gedacht. Überhaupt hatte ich mir gar keine Gedanken gemacht, wie das nun gehen sollte, wenn man Gott gesagt hat: ›Gib mir Geld!‹

Am Abend des gleichen Tages trieb es mich trotz verlängerter Arbeitszeit noch in die Bibelstunde. Und siehe, am Schluß der Bibelstunde kam eine Dame auf mich zu und sagte mir: ›Da haben Sie etwas für Ihre Armen.‹ – Als ich dann nachsah, was es war? Genau die fehlende Summe, die ich noch brauchte zu dem am Mittag Empfangenen. So hatte mich Gott schnell und deutlich erhört; denn es war kein Pfennig mehr und kein Pfennig weniger, als gerade die fällige Hausmiete. Dies machte einen tiefen Eindruck auf mich. Denn ich wußte durch dieses sichtbare Eingreifen Gottes nicht nur deutlich, was ich zu tun hatte, sondern in mir wurde etwas aufgeweckt, ein Vertrauen zu Gott, das ich bisher nicht kannte. Es bestand nun eine persönliche Gottesoffenbarung in meinem Leben, an die sich im Laufe der Zeit unzählige und viel größere angeschlossen haben. Diese Erhörung ist der Anfang geworden zu Hunderten in dieser Richtung. Denn in nichts ist es Gott so leicht zu erhören, wie in äußeren Dingen und besonders um Geld, wenn man es nicht für sich will.«

Die Wochen und Monate gingen dahin. Steinberger war fleißig bemüht, neben seiner beruflichen Tätigkeit, die ihm den Lebensunterhalt sicherte, auch weiterhin Helferdienste zu leisten. Der Stadtmissionar verfolgte mit Freude und Interesse den Eifer seines Schützlings, der ja auf dem besten Weg war, ein rechter Diener Gottes zu werden. Leider mangelte es an einer gründlichen Zurüstung und Ausbildung, die auch bei der Reichsgottesarbeit nicht fehlen darf. Sicher, Bibelschulen und Seminare gibt es vielerorts; aber Georg Steinberger brachten diese Erwägungen in ein seelisches Dilemma: mit allen Fasern seines Herzens wollte er sich ganz der Mitarbeit in Gottes Weinberg hingeben. Auf der anderen Seite aber standen Bedenken, denn er war ja nur ein schlichter Bauernsohn, der allzu wenig Schulbildung hatte und immer wieder schmerzlich viele Lücken in seinem Wissen entdecken mußte. Schließlich wagte er es aber doch, dem Drängen seiner Freunde nachzugeben und nach St. Chrischona zu schreiben, das damals schon weit über die Grenzen der Schweiz hinaus bekannt war und wo Evangelisten, Prediger und Diakone zum Dienst vorbereitet wurden. Unerwartet schnell kam die Antwort, der Bruder möge kommen. Verständlich, daß Steinberger nun keine Zeit verlieren wollte. Schnell waren die wenigen Habseligkeiten zusammengepackt, und mit klopfendem Herzen ging es den Rhein hinauf in die Schweiz.

Die Lernzeit in der Bibelschule war nicht einfach. Immer wieder machte es sich bemerkbar, daß die Mitbrüder über bessere Voraussetzungen verfügten und mehr wußten. Aber Steinberger ließ sich dadurch nicht entmutigen, sondern lernte mit eiserner Energie und bienenhaftem Fleiß. Nicht lange, und er hatte seine Studienkollegen überholt.

Besonders wertvoll wurde für ihn das intensive Bibelstudium, das gemeinsame Gebet und die Aussprachen mit Gleichgesinnten. Allerdings mußten noch oft genug heiße Seelenkämpfe durchgerungen werden, aber Christus stand zur Seite und half ihm. Immer stärker wurde der Drang, vorwärts zu schreiten in der Nachfolge Jesu, sich ganz der Verkündigung der Botschaft des allmächtigen Gottes hinzugeben.

1895 kam die große und lang ersehnte Stunde. Im August wurde Steinberger zum Dienst eingesegnet, verließ St. Chrischona und begann seine Arbeit. Durch Bruder Stamm, den er in Chrischona kennengelernt hatte, erhielt er den ersten Auftrag im Kanton Schaffhausen. Zwar lagen dort nur kleinere Dörfer mit wenig Einwohnern, aber die seelsorgerliche Tätigkeit machte sich deutlich bemerkbar, und oft genug waren an den Sonntagen Scharen von Menschen jeden Alters unterwegs, um den neuen Evangelisten zu hören.

Steinberger lebte unter einfachsten Verhältnissen und war ständig bemüht, Menschen zu Gott zu führen oder sie zu einem neuen Leben mit Christus zu bewegen. Jede sich bietende Gelegenheit benutzte er, das Anliegen der Heiligen Schrift zu verkündigen.

Ein für ihn typisches Beispiel, das aus der Fülle herausgegriffen ist, zeigt das deutlich: Steinberger wollte zu einer Evangelisation in einem entfernten Ort. Er mußte die Eisenbahn benutzen und traf in seinem Abteil eine Frau, die kummervoll auf ihrem Platz saß. Gefragt nach dem Grund ihrer Traurigkeit gab die Frau an, ihre Fahrkarte verloren zu haben. Damit aber nicht genug, ihre Geldbörse war leer, und es bestand keine Möglichkeit, einen neuen Fahrschein zu lösen. Unser Bruder hatte zwar auch nicht viel bei sich, aber im Vertrauen auf den Vater im Himmel, der immer weiter hilft, gab er der Frau das notwendige Geld und benutzte den Anlaß, über jene Fahrt zu sprechen, die auch vorbereitet sein will, nämlich die in die Ewigkeit.

Mit den Bauern, die Steinberger im Schaffhausener Land zu betreuen hatte, bahnte sich ein besonders herzliches und inniges Verhältnis an. War er doch selbst unter Landwirten aufgewachsen und kannte die Schwierigkeiten der Feldbestellung. So sprang er in der Zeit der Heuernte ein und nahm selbst Sense und Rechen zur Hand. Die Menschen merkten, daß er nicht nur reden konnte, sondern auch ihre Arbeit beherrschte. Dabei gab es vielerlei Anlaß zu seelsorgerlichen Gesprächen, die gerade die Abseitsstehenden und Fremden erfaßten. Auch die ersten schriftstellerischen Versuche unseres Bruders fallen in diese Zeit, denn mancher Zuhörer wollte das, was er eben gehört hatte, noch im Herzen bewegen oder im stillen Kämmerlein verarbeiten. So entstand manches Traktat, das Steinberger auch über die Grenzen seines eigentlichen Wirkungsfeldes hinaus bekannt machte.

1898 kam ein neuer Auftrag. Durch Vermittlung eines Bruders, der Steinberger in Büttenhardt gehört hatte, rief man den jungen Gottesstreiter nach Thüringen. Er sollte nach Gotha kommen, der dortigen Jugendarbeit wieder Auftrieb geben und außerdem bei der Errichtung eines neuen größeren Versammlungsraumes helfen. Steinberger sah darin einen Ruf Gottes und folgte. Er veranstaltete Evangelisationen, stand den Hilflosen und Verzweifelten zur Seite oder hätte gern – wie er später einmal sagte – ganz Thüringen durch sein Gebet mit der Botschaft des Evangeliums erfüllt. Besonders die »Stiefkinder des Glücks« lagen ihm am Herzen, und jener später verwirklichte Herzenswunsch begann zu keimen, ein Heim zu errichten für solche, die Ruhe und Erholung suchten.

Schon ein Jahr später beendete diese Planungs- und Förderungsarbeit ein anderer Ruf. Im Asyl Rämismühle, das so freundlich zwischen Winterthur und Rapperswil gelegen ist, brauchte man dringend Hilfe. Die Geschwister, die dort arbeiteten, wurden mit der

Vielzahl der Aufgaben nicht mehr fertig und suchten die Mithilfe Steinbergers zu gewinnen. Georg Steinberger war sich der drängenden Verpflichtungen bewußt und folgte dem Ruf. Zusammen mit Bruder Wäckerling und Schwester Elise konnte er fünf Jahre hindurch dieses Werk der Barmherzigkeit tun und sah darin bald den eigentlichen Inhalt seines Lebens. Er hielt Hausandachten, nahm die »Sorgen der ringenden gequälten Seelen« in sein Gebet und zeigte sich immer bereit, auch an anderen Orten das Evangelium zu verkünden. Von morgens bis abends war er im Dienst und fand trotzdem noch Zeit, kleine Schriften zur Bibelauslegung zu verfassen.

Auch in der Rämismühle wollte seine Aktivität das Haus erweitert sehen, um noch mehr hilfsbedürftige Menschen aufnehmen zu können. Der Plan zum Bau des Hauses »Zion« reifte, und am 3. Oktober 1903 war es Steinberger möglich, den Grundstein dafür zu legen. Eine kleine Feier, die zu diesem Anlaß stattfand, wird von ihm selbst geschildert: »Heute um 9 Uhr wurde der erste Stein für Zion gelegt. Dem Herrn und seinem Segen sei der ganze Bau befohlen! Von Segen spricht ja auch das heutige Losungswort, doch auch Anfechtungen, wie im Lehrtext gesagt, bleiben nicht aus. Wir werden es hier bei diesem Bau erfahren, daß kein Segen ohne Anfechtung empfangen werden kann«. Tag für Tag war er fortan auf der Baustelle, helfend und betend, daß mit Gottes Hilfe das Haus bald erstehen möge.

Aber nicht lange danach kamen schwere Anfechtungen. Steinberger, der unermüdlich Tätige, wurde von einer heimtückischen Krankheit heimgesucht, die ihn in der Arbeit stark behinderte. Er wußte bald, daß seine Erdentage gezählt waren und Gott ihn heimrief. Gegen den Rat der Ärzte setzte er auch weiterhin Bibelstunden an fernen Orten fest und traf Vorbereitungen, die Gegend des Jura zu evangelisieren und dem Herrn zuzuführen.

Einer seiner letzten Briefe – auf der Reise geschrieben – zeigt so recht seine Fürsorge und umsichtige Planung: »Ihr Lieben, der treue Herr hat schon angefangen, mein Losungswort für das neue Jahr zu machen. Seine Barmherzigkeit war mit mir auf dem Weg bis zu diesem Augenblick. Mein Weg hierher (nach Bern) war von seiner guten Hand geordnet, und die Begegnungen, die ich gestern und heute mit Bruder Stockmayer und Bruder Vetter hatte, sind von Ewigkeitsbedeutung für mich und andere. – Alles Nähere dann mündlich. Ich kann nur anbeten und mein Ohr weit offen halten für das, was der Herr zu mir redet. Ich kann heute nicht mehr sagen wie vor acht Tagen: ›Ich stehe an einem Wendepunkt‹. Nein, heute hat sich die Wendung bereits vollzogen, und der neue Weg liegt vor mir klar und lichtvoll, und ich bin bereit, denselben zu gehen. Wie heißt der neue Weg? Es ist der Weg, den mir der Herr in der Sylvesternacht aus 1. Mose 35 gezeigt hat: ›Alles, was der Verwesung angehört, in den Tod zu geben; nicht nur, was der Sünde angehört, sondern überhaupt alles, was der Verwesung angehört.‹ – Dann erfüllt sich auch an mir, was sich an Jakob erfüllt hat von Vers 5 an: Gott hat bereits damit angefangen, das zu tun, was in Vers 9–14 geschrieben steht. Danket mit mir! – Bruder Vetter wurde gestern in Zürich aufgehalten, so daß ich mit Bruder Stockmayer allein hierher fuhr. Es war ein gesegneter Weg. Heute morgen hatten wir drei eine kleine Konferenz, wo wir wichtige Reichsgottesdienste miteinander besprechen durften, besonders im Blick auf unsere ›stillen Tage‹ und deren Ausdehnung... Es war dabei alles so freundlich vom Herrn geordnet. Mit meiner Gesundheit geht es langsam aufwärts; konnte die letzte Nacht nur wenig schlafen, aber sehr gut ruhen. Morgen, Montag, trete ich nun meinen Weg in den Jura an. Es ist mir ein bißchen bang; aber ich blicke auf *Ihn,* der mich diesen Weg geführt hat. Er wird mich decken und rüsten. Doch bedarf ich eurer Gebete sehr für meinen schwachen Leib und für meinen Dienst. Ich weiß, daß ihr darin treuer seid als ich. Habt innigen Dank und des Herrn Segen!«

Leider täuschten die gelegentlichen Besserungen im Befinden des Kranken. Zwar gibt es Lichtblicke, die das Krankheitsbild gemildert erscheinen ließen, aber trotz aller Pflege und Fürsorge war der Zusammenbruch nicht aufzuhalten, und Steinberger mußte das Bett hüten. Trauer herrschte in der Umgebung, und Georg Steinberger selbst rüstete sich zum baldigen Abschied. Er studierte weiterhin die Bibel in der Hoffnung, aus gelegentlichen Notizen Anregungen für seine Bibelstunden bewahren zu können. Außerdem versuchte er, die begonnene Arbeit im Asyl für seinen Nachfolger richtungweisend festzulegen. Doch auch dazu war er bald zu schwach. Nur noch die innere

Verbindung mit Gott suchte er und überdachte sein so vielfältiges, wunderbar geführtes Leben.

Am Ostermorgen des Jahres 1904 schloß Steinberger seine Augen für immer. Die Beerdigung ging vor sich, wie er es bestimmt hatte: »In der Kapelle bitte ich keine Ansprache zu halten, sondern nur das Lied ›Wie wird mir sein‹ zu singen. Darauf bitte ich, meinen Lieblingspsalm (Psalm 84) zu lesen und zu beten. Auf dem Gottesacker soll dann gesungen werden ›Ich bete an die Macht der Liebe‹, die Stelle Offenbarung 7, 13–17 gelesen und zum Schluß der Vers ›Preis sei dem hohen Jesusnamen‹ angestimmt werden«.

Alles vollzog sich nach dem letzten Willen des Entschlafenen. Er war kein Freund großer Worte, und so ist auch sein Werk trotz allen Umfangs und allen Segens, den es gebracht hat, nicht mit Lobeshymnen darzulegen. Inspektor Rappard sagte in seiner Begräbnisansprache: ». . . Es ist nun ein Stück Rämismühle am Thron Gottes« . . . und hat damit vielleicht das Schönste über Wirken und Wandeln Georg Steinbergers zum Ausdruck gebracht.

Steinbergers Schriften werden noch heute viel gelesen. Sie sind dem Suchenden ein Wegweiser und dem Erretteten eine Stärkung. Gar manches Traktat anderer Verfasser ist bereits in Vergessenheit geraten, warum nicht auch Steinbergers Schriften? Sie haben dem Menschen von heute noch etwas zu sagen.

Da traf eine Postkarte ein, die an »Herrn Steinberger« gerichtet war. Darin bat der Absender, der schon mehrere Steinberger-Schriften gelesen hatte, ihm doch die Möglichkeit einer Begegnung mit Georg Steinberger einzuräumen, da er innerlich ein hilflos Suchender sei.

Steinberger kannte diese Menschen, denn er berichtet: »Viele Kinder Gottes geben sich alle Mühe, innerlich wachsen zu können; aber das echte Wachstum wird nur durch den Aufblick auf Jesus gefördert, so wie auch die Pflanzenwelt am besten gedeiht, wenn sie von der Sonne bestrahlt wird.« Erst wenn der Boden so vorbereitet ist, soll das Zeugnis des Seelsorgers folgen: »Wir müssen den Menschen die frohe Botschaft verkündigen und allen zur Ruhe verhelfen. Die Kirche predigt Moral. Sie spricht ›Du sollst so oder so sein‹, ›dieses oder jenes tun‹; aber der Mensch muß erst zur wirklichen Ruhe kommen von seinen toten Werken unter dem Kreuz des Herrn.«

Allerdings setzt das eine große persönliche Heilserfahrung voraus, wie sie Steinberger an seinem Teil erlebte: »Ehre sei dem Lamme! Ich selbst wundere mich nicht, daß das Lamm und sein Blut das Thema meines Lebens und meines Dienstes geworden sind.« Unter diesem Gesichtspunkt entstand das kleine Heft »Dem Lamme nach«, das in eindrücklicher Weise zur Nachfolge auf dem Lammes-Weg ruft.

Besonders ernst war es Steinberger mit seinem Auftrag der Verkündigung. Einfach unvorbereitet drauf los zu reden, lehnte er ab; dazu war die Bibel zu ernst. So bereitete er sich selbst sehr sorgfältig vor und sagte dazu: »Ich bewege oft viele Wochen ein Wort Gottes im Herzen, bevor ich einschlafe oder wenn ich nicht einschlafen kann. So bekomme ich Licht in das Wort und bin zum Reden vorbereitet.« Schließlich wollte Steinberger immer beachtet wissen, wie und für wen der Dienst geschah: »Wenn man mich fragen würde, welches Wort der Bibel ich am häufigsten und deutlichsten erfahren hätte, würde ich sagen: ›Gebet, so wird euch gegeben‹. – Die besten Bankscheine sind die ›Vergelt's Gott‹ der Armen. Wohl dem, der viele solcher besitzt.«

Es vereinten sich hier also das große persönliche Gotteserlebnis mit Fürsorge und Drang zur Evangelisation zu einer untrennbaren Einheit. Das eine wurde fruchtbar für das andere, und darin liegt wohl das Geheimnis des »siegreichen Lebens« Steinbergers.

(Nach: Axel Nordmann: Georg Steinberger, Ein Leben mit der Bibel, Anker-Verlag)

Aus dem Nachlaß von Georg Steinberger

1. Herzenswünsche und Gelübde

An einem Karfreitag schrieb Georg Steinberger folgende Worte nieder:

Herr Jesus! Ich übergebe mich mit Geist, Seele und Leib, mit allem, was ich habe und besitze, Dir! Nimm mich hin und laß mich sein einzig, völlig, ewig Dein! Ich will in dieser Welt sein, wie Du in dieser Welt warst – mein Leben verlierend; mich scheiden bis in den innersten Nerv hinein von allem, was Sünde und eigenes Leben heißt; mich bis in die äußerste Grenze des äußern Lebens einrichten nach Deinem Sinn der Niedrigkeit und Armut.

Jesus! Du hast mich berufen von der Finsternis, um Deine Tugenden zu verkündigen; aber Du mußt mich vorher aller Deiner Tugenden teilhaftig machen.

Mein Lebensmotto soll sein:
Nichts für mich!
Und mein Genuß auf Erden:
Deinen Willen zu tun!
Mein Schmuck soll sein:
Deine Armut und Demut!
Mein Lebensziel soll sein:
Dir, dem Lamme, ähnlich zu werden,
Meine Hoffnung soll sein:
Deine Wiederkunft!

Steinberger hatte nämlich einen Bund mit Gott geschlossen, nie auf der Erde etwas zu besitzen. Er trug die tiefe Sehnsucht in sich, die Armut Jesu auszuleben.

Gottes Wort ging ihm über alles. In seinem Zimmer waren außer der Bibel nicht viele Bücher zu sehen. Solche, die er sich in den früheren Jahren angeschafft hatte, waren im Schrank eingeschlossen. Er freute sich aber, wenn ihm ein Buch in die Hand kam, das aus Gottes Wort allein geschöpft war. Sein Sehnen war, in innige Gemeinschaft mit Gott zu kommen.

Es war ihm ein großes Anliegen, das Wort in der mündlichen Verkündigung wie auch in seinen Schriften durch die Inspiration des Heiligen Geistes zu bekommen.

Zu einem lieben Freund sagte er in den Tagen seiner Krankheit: »Wenn der Herr mich noch länger auf Erden läßt, werde ich nur noch schreiben, was ich von Ihm und durch Inspiration des Geistes empfange.«

2. Brosamen von des Herrn Tisch

Jesus geht als der Erste voran, und als der Letzte deckt er uns, wie die Wolkensäule den wandernden Israeliten den Weg zeigte und die bedrohten Israeliten einschloß und gegen den Feind deckte. Sei ohne Furcht; die Not, die du siehst, das Feuer, das dich umgibt, ist nur eine Decke gegen die Anläufe des Feindes; es gilt nicht dir, es gilt ihm.

Der Weg zur Ruhe ist, daß man ruht. Wie macht's

einer, der ruhen will? Er legt seine Last ab und ruht. Laß los, laß fallen, und du kommst zur Ruhe. Du sagst: Wenn ich nur loslassen könnte! Nun, was du nicht loslassen kannst, wenn du noch nicht die Gnade hast, so ertrage es. Jakobus sagt: »Selig ist der Mann, der die Anfechtung erduldet.« Es gibt Dinge, die man tragen und erdulden muß, weil man noch nicht die Gnade hat, sie wegzulegen.

Der kleine Junge, der schreiben lernt und den Buchstaben immer eckig macht statt rund, muß seine Ungeschicklichkeit ertragen und erdulden, bis er die Fertigkeit hat, den Buchstaben nach Vorschrift zu machen. Erdulde, bis du die Fertigkeit hast. Auch dies ist eine Station auf dem Weg zur Ruhe. Von Dingen, von denen man sich nicht losreißen kann, muß man sich losleiden.

Du mußt das, was dein Herz bewegt, in deinen Geist nehmen, da wird es rein und ruhig; nimmst du es aber in deine Seele, so regt es dich auf. Das gehört auch zu dem Leben im Geist.

»Ohren hast Du mir bereitet« (Ps. 40, 7). Für Gott, um Seine Stimme zu lieben und zu hören. Dein Ohr muß mehr nach innen gerichtet sein – nicht auf alles hören, was man hört.

Würdig genießt man das Abendmahl, wenn wir es in der gleichen Gesinnung nehmen, wie Christus es gegeben hat, d. h. in der Gesinnung, in der Christus Seinen Leib hat brechen und Sein Blut hat fließen lassen.

Wir fragen immer: »in was« ist er gefallen? Gott geht tiefer und fragt: »wovon« bist du gefallen? Er sagt dem Engel der Gemeinde zu Ephesus: »Bedenke, wovon du gefallen bist!«

Abraham fand nicht den verheißenen Samen in Ismael, sondern nur seine eigenen Anstrengungen.

Es braucht viel Gnade und Wahrheit, bis ein Mensch wirklich mit dem Kreuz ausgesöhnt ist und verstanden hat, was das Kreuz will: uns beiseitesetzen.

Das Kreuz Jesu Christi ist das Hinrichtungsmittel des alten Menschen, und in der Auferstehung Jesu Christi liegen die Wurzeln für die Geburt des neuen Menschen, wie Petrus sagt: »Wiedergeboren durch die Auferstehung Jesu Christi von den Toten.«

In Johannes 3, 16 ist die Liebe Gottes zur Rettung beschrieben; in Römer 5, 5 ist die Liebe Gottes zur Verbindung beschrieben. Diese letztere ist eine viel tiefere.

Er hat Seine Liebe in unser Herz gegeben, wie ein Bräutigam seine Liebe in das Herz seiner Braut gibt.

Du fragst, warum es trotz aller Gerichte bei dir nicht zum Siege komme. Einfach, weil noch keine Durchrichtung stattgefunden, und so bleiben die Gerichte immer wieder stecken und kommen nicht bis zu dem Punkt, den sie treffen wollen, und darum kommt es trotz der Gerichte nicht zum Sieg.

Der Glaube ist der Tod des Eigenlebens. Sobald ein Mensch zum Glauben kommt und bekennt: »Ich glaube!« sagt er damit, daß er von diesem Moment an Stellung nimmt gegen sich selbst. So haben es die Alten gehalten und verstanden. Darum sagt David: Ich glaube, darum rede ich – ich werde aber sehr geplagt! Es beginnt ein Todesringen, nicht nur mit dem Eigenen in uns, sondern auch mit dem Eigenen um uns.

Gott glauben ist die größte Demut. Im Glauben kommt die größte Energie zum Ausdruck; da kann sich allein die Energie betätigen.

Was stand hinter dem Glauben Josephs? »Wie sollte ich ein so großes Übel tun und wider Gott sündigen!« Steht das auch hinter deinem Glauben; kannst du aus Liebe zu Gott nicht mehr sündigen?

Gott sprach in der Schöpfungsgeschichte: Es werde – und es ward! Bis Er zum Menschen kam; da hörte Gott auf zu sprechen. Wir lesen dann: Gott nahm, Gott bildete, Gott blies. Nicht durch Sprechen, nicht durch Hören wirst du gebildet, nein, du mußt in Gottes Hand kommen.

Alles, was das Blut ausgelöst hat, will der Geist binden an Jesus; so erlangen und behalten wir die rechte Freiheit.

Solange wir der Kreatur gefallen und anziehend sein wollen, haben wir nichts verstanden von der decken-den Macht des Blutes, haben wir noch nicht geglaubt, daß wir ein Abgrund sind voller Sündengift, daß alles

Fleisch in Seinen Augen wie Heu, ein Feuerbrand ist; sonst wollten wir andre nicht mit unserm Gift töten und mit unserm Gestank verpesten. Wer unter der Deckung des Blutes steht und lebt, der ist froh, wenn er still seinen Weg gehen darf. Der sucht nicht Eingang bei Menschen; der sucht nicht ihr Lob, sondern er sucht nur das Wohlgefallen seines Gottes; der ist ängstlich darauf bedacht, daß die Menschen es spüren, daß er unter dem Zeichen des Blutes steht; der ist für seinen Gott da.

Suche keinen Sieg über den Teufel, solange du dich nicht unbegrenzt deinem Gott ausgeliefert hast. Es sind nur Luftstreiche, die du machst.

Auf jede besondere Tat Gottes sucht der Feind eine Antwort. Während Gott oben auf dem Berge Mose die Wohnung zeigt, in der Er unter Seinem Volke wohnen will, treibt der Feind unten das Volk zur Abgötterei und setzt ein goldenes Kalb in ihre Mitte (2. Mos. 32).

Das Friedensopfer wurde auf dem Brandopferaltar geopfert. Das will sagen, daß die Bedingung unsres Friedens auf unsrer Seite ist und auf der beständigen Hingabe an Gott beruht.

David sagt: »Siehe, Herr, Deine Feinde müssen umkommen.« Seine Feinde waren für ihn Gottes Feinde. Der Neid, der in deiner Brust wohnt, ist ein Feind Jesu, der die Liebe ist. Dein Hochmut, der dir in den Kopf gestiegen, ist ein Feind Jesu. Du darfst zu

Ihm kommen und sagen: »Herr, siehe, Deine Feinde müssen umkommen!«

Der Glaube ist ein »Darunterstellen«, sagt Paulus Hebräer 11, 1. Er stellte sich nicht nur unter das Gericht, sondern auch unter die Lösung, unter den Sieg, unter das Wort, unter den Geist, und erfuhr so nicht nur Verdammnis, sondern nach der Verdammnis auch Befreiung.

Wie wir getragen haben das Bild des Irdischen, d. h. das Bild unsres Vaters und unsrer Mutter, unser Naturbild, und wie wir unser Wesen und unsre eigene Art offenbar gemacht und in der Welt herumgetragen haben, so laßt uns nun tragen das Bild Christi. Da haben wir alle einen heiligen Dienst und brauchen nicht erst Missionar oder Diakonisse zu werden, um dem Herrn dienen zu können. Da hat jeder auf seinem Plätzlein einen heiligen Dienst, einen Dienst Tag und Nacht für den Herrn.

Die Echtheit Jesu, d. h. daß Er der Sohn Gottes war, erkannten die Jünger an dem Bild des Vaters, das Er vermittelte. Die Echtheit unsres Christseins wird erkannt an dem Bild des Christus, das wir sichtbar machen.

Hesekiel 8. Sie sprechen: »Jehova hat das Land verlassen!« Kein Wunder! Sie stehen vor den Greueln und räuchern denselben. Sie vertrieben mit diesem abscheulichen Götzendienst die Gegenwart des Herrn.

Du sagst: »Gott ist ferne von mir; es ist alles tot in mir; ich habe keine Gebetsfreudigkeit.« Kein Wunder! Du verbrauchst die Kräfte deines Geistes und die Empfindungen deines Gemüts mit deinem abscheulichen Bilderdienst in Geist und Gemüt. Du brauchst die heiligen und reinen Kräfte auf im Dienst der Sünde.

Unglaube und Schrecken, Unglaube und Finsternis, Unglaube und Anfechtungen gehen immer Hand in Hand.

Es scheint, daß der Geist heute Sein Trösteramt am wenigsten ausrichten kann, obwohl Tausende auf den Trost des Heiligen Geistes warten. Warum? Laß es mich durch einige Beispiele zeigen. Wie kann eine Mutter ihren Sohn trösten, wenn er, statt zu arbeiten, spazieren geht? Wie kann eine Mutter ihren Sohn trösten, wenn er sein verdientes Geld auf die Sparbank bringt, statt es für die kleineren Geschwister zu geben? Wie kann eine Mutter ihren Sohn trösten, der ihr nicht gehorcht und durch Ungehorsam in Not und Elend gerät? – »Ist nicht der Geist wie eine Mutter? Stehen nicht viele Kinder Gottes so zum Geiste wie der geschilderte Sohn zu seiner Mutter? Die Apostel und ersten Christen hatten deswegen so reichen Trost des Heiligen Geistes, weil sie nicht nur vieles, sondern alles wagten für Jesus und Sein Evangelium.

Der Kampf, den wir heute zu führen haben, ist der Kampf *in* uns durch den Geist, im Gegensatz zu dem Kampf Gottes *für* uns am Kreuz. Die Stellung, die wir in diesem Kampf einzunehmen haben, ist nichts anderes, als in jeder Versuchung auf die Seite Gottes zu treten, Partei zu nehmen für Gott, der in uns kämpft durch den Geist.

Stille sein und auf Gott harren, kann eine Zeitlang unser Beruf sein. Der Beruf von Maria in ihrem Hause war stille sein, und so wurde sie ein Segen.

Der größte Irrtum wurde nicht, wie du meinst, im Paradies begangen, sondern am Kreuz, wo die Menschen Christus verwarfen. Auch heute noch wird da der größte Irrtum begangen.

Achan vergriff sich an dem Verbannten und brachte so den Zorn Jehovas über Israel, und Gott sprach: »Ich werde nicht mit euch sein, und ihr werdet nicht stehen können vor euren Feinden, wenn ihr den Bann nicht aus eurer Mitte tut« (Jos. 7). Heute bringen sich die Menschen in besonderer Weise unter den Bann durch Zauberei und Unzuchtssünden: diese zwei Sünden nehmen gegenwärtig furchtbar überhand und sind auch in unsern Gemeinden noch nicht ausgerottet.

Sprich nicht so viel von deinem Sterbensweg, sonst wird er dir ein Verderbensweg. Du wirst statt ein Gebeugter ein stolzer Heiliger, und von denen sagt Gott: »Ich will die stolzen Heiligen von dir tun.«

»Die Unruhe ist das Leben des eigenen Willens.«
»Die Demut ist der Majestät Speise und Stärke.«

»Demut wird nur in der Verbindung mit Jesus geboren.«

»In der Demut und Niedrigkeit liegt die größte Kraft und Tugend samt den Wundern.«

»Was macht einen Pharisäer aus? Das ›Ich‹ im Gottesdienst.«

3. Fußstapfen Jesu für solche, die ihm folgen wollen

Matthäus 4, 23. Das Evangelium predigen und die Kranken heilen, diese doppelte Aufgabe gab Jesus Seinen Dienern. Das Krankenbett in der Gemeinde ist nicht dem Arzt, sondern den Ältesten gegeben, nach Anweisung des Jakobus. Wir sollten aber nicht nur den Brüdern diese Handreichung tun können, sondern auch dem Volk. »Er heilte jede Seuche im Volk.«

Matthäus 8, 17. Herr, Du hast Dich nicht gestoßen an den Schwachheiten anderer, sondern hast dieselben getragen, hast Dich auch nicht gefreut über die Schwachheiten anderer, sondern sahst sie voll Mitleid an, wurdest auch nicht ungeduldig über die Schwachheiten anderer, sondern hast ausgeharrt in Liebe bis ans Ende. O wie oft habe ich, der ich selber so schwach bin, die Schwachheiten anderer gerichtet, Nutzen aus denselben gezogen für meinen Hochmut, bin nur gern unter den Kleinen und Geringen gewesen, nicht um mit ihnen klein zu sein, sondern um unter ihnen der Größte sein zu können. Du hast die Schwachheiten anderer gesucht, um sie zu tragen, um Erlösung zu schaffen. Wo sind Deine Nachfolger darin? Was suchen heute Deine Diener bei den Menschen?

Matthäus 8, 20. Du warst arm, um andere reich zu machen. Du lebtest arm und gabest reich. – In der Armut will ich Dir und Deinen Aposteln ähnlich sein; ich will nichts besitzen auf Erden. Aber nicht nur äußerlich – vor allem innerlich arm, geistlich arm, daß ich nicht habe in mir, wo ich mein Haupt hinlege; auf nichts ausruhe, was von mir ist, sondern allein ruhe auf dem, was Du mir gegeben hast durch Deinen Tod und durch Dein Auferstehen. Laß mich von heute an nichts Gutes und Rühmliches mehr von mir erzählen; denn das sagt ja, daß ich reich sei, und ich möchte doch arm sein.

»Ich bin nicht gekommen, Gerechte zu rufen, sondern Sünder!« *Matthäus 9, 13.* Sünder sind verkehrte, verirrte, verstrickte, Mühe machende, Geduld und Opfer verlangende Menschen – und solche suchte Er, Er nahm sich ihrer nicht nur an. Denn diese bedurften am meisten Seines Dienstes und Seiner Liebe. Sie waren wohl Ihm, dem Sündlosen und Vollkommenen, die unsympathischsten Menschen, und so war Sein Dienst an ihnen eine fortwährende Überwindung in Liebe, wie ja jedes Wort, das Er sprach, jeder Blick, jedes Tun Überwindung forderte, weil Sein heiliges Gemüt fortwährend von dem Niedrigen um Ihn her belästigt wurde; aber die Liebe war stärker als dies alles und machte Ihm diesen Dienst zur Speise.

Matthäus 10, 25. Wenn sie Ihn als Verworfenen behandelt und von Ihm gesagt haben: Er ist nicht wert, daß Er lebe; wenn sie Ihn als einen Verführer gestempelt, wenn sie Ihn als einen von Sinnen Gekommenen behandeln wollten – was werden sie dir tun? Was kannst du erwarten? Und wer hat Ihn verworfen? Nicht der Pöbel, nein, sondern die Väter, die Ältesten des Volks; die, welche die Gerechtigkeit, die Wahrheit und die Heiligkeit vertraten, die fanden an Ihm, dem Gerechten, Wahrhaften und Heiligen, nicht, was gerecht, was wahr und was heilig ist. Empfinde, wie wehtuend das für Jesus gewesen sein muß, von den Ältesten verworfen zu werden!

Matthäus 10, 34. Herr, Du bringst das Schwert in mich hinein bis zur Zerteilung der Seele und des Geistes. Das tut dem Fleische weh, wenn Seele und Geist geschieden werden; denn das Fleisch will sich immer schmücken mit dem Seelischen. Darum sagt Jeremia 48: »Verflucht ...« Dein Schwert ist bestimmt für den alten Menschen, für das eigene Leben.

Der Priester Aaron durfte sich nicht selbst kleiden und auch nicht kleiden, wie er wollte oder wie es Mode war, sondern er wurde gekleidet, d. h. ausgerüstet von Mose, wie Gott es befohlen hatte (3. Mos. 8, 1–10). Gehe immer in der Rüstung, in der Gott dich haben will, und richte die Botschaft aus, die Gott dir aufgetragen hat.

Matthäus 10, 38. Wer nicht sein Kreuz aufnimmt und

Mir nachfolgt, ist Meiner nicht wert. Der Herr erkennt Seine Jünger an ihrem Kreuz. Wer nicht sein Kreuz getragen, kann nicht an die Seite des Lammes treten. Nur in Verbindung mit dem Kreuz verliert man das eigene Leben, auf dem der Fluch liegt, und findet das neue Leben, in dem Jesus Mittelpunkt, Quell und Ziel ist.

Herr, verbinde mich tief in Deinen Weg hinein. Da ist Ruhe, weil man nichts mehr zu fürchten hat für sich und nichts mehr suchen muß für sich. In diesen zwei Dingen: Im Suchen für sich und im Fürchten für sich ist die Quelle vieler Unruhen, und da liegen die meisten Fallstricke des Feindes.

Matthäus 11, 7. Als neugeborene Kindlein müssen wir auch reden lernen von Ihm und besonders recht reden lernen über andre. Jesus sagt von Johannes: »Er ist mehr!« Wir sagen gern: »Er ist weniger!«

Matthäus 12, 15. Es gab Zeiten, in denen unser Herr entwich, und Zeiten, in denen Er stehen blieb und sagte: »Ich bin's! oder: »Da habt ihr Mich!«

Matthäus 12, 19. Er machte kein Geschrei von sich und von Seinem Tun – aber dennoch lesen wir in den Psalmen: »Ich will Mir Meinen Mund nicht stopfen lassen«, wo es galt, die Gerechtigkeit Gottes zu verkündigen. »Stille« ist immer das Kennzeichen eines Geistesmenschen. Er stritt nicht für sich. Er hätte vor Pilatus und den Obersten des Volkes Beweise liefern können, daß Er Gottes Sohn ist; aber Er tat es nicht.

Sein Weg war der zum Kreuz, und diesen Weg ging Er, ganz unverstanden – selbst von den Nächsten.

Matthäus 12, 20. Barmherzigkeit ist ein anderes Kennzeichen eines Geistesmenschen. Es gibt Seelen, die muß man tragen, wie man ein offenes Licht trägt, umhüllt mit der Hand, um es vor dem Ausgehen zu schützen.

Matthäus 12, 50. »Meine Speise ist die, daß Ich tue den Willen des, der Mich gesandt.« Sein Wille und Seine Liebe muß zuletzt ein und dasselbe für uns sein. Kinder Gottes sind erlöst, den Willen des Vaters allezeit zu tun.

Nicht nur deine Worte, auch dein Tun und Lassen, dein Benehmen, deine Kleidung, deine Ansprüche, deine Wohnung, alles ist ein Same. Nur wenige Menschen sind selbständig; die meisten leben von den Eindrücken, die sie von anderen empfangen, leben das Leben anderer weiter. Das Vermächtnis, das Jesus Seinen Jüngern hinterließ, war ein Beispiel, von dem Er wünschen konnte, daß es von ihnen Nachahmung finden sollte. – Die Herzen der Kinder sind unbeschriebene Tafeln, da sollst du Linien ziehen, die dort auslaufen vor dem Thron: Die Kinder lernen mit den Augen.

Matthäus 15, 36: Er wollte nicht selber alles tun und meinte nicht, was Er nicht getan habe, sei überhaupt nicht recht getan. Die Liebe denkt nicht nur nichts

Arges von dem Nächsten, sondern sie denkt größer von ihm als von sich. Er war so demütig, daß er sagen konnte: »Ihr werdet Größeres tun, als Ich getan habe; denn Ich gehe zum Vater.« Das heißt für uns, daß wir auf unser Gebet für andere erwarten sollen, daß sie Größeres erfahren und tun als wir. Sind wir so selbstlos in unsern Gebeten? So war er! – Gebrochenes und gesegnetes Brot gab Er Seinen Jüngern zum Austeilen. Können wir es ertragen, daß andere das Gute von uns so austeilen, als ob es aus ihrer Hand käme, und daß es die Menschen wie aus ihrer Hand gekommen annehmen?

Matthäus 16, 1. Jesus diente dem Vater. Einen anderen Dienst kannte Er nicht. Er ließ sich nicht einnehmen von einem vornehmen Publikum. Er beugte sich nicht vor dem Lehrsystem der Pharisäer und erschrak nicht vor der Wissenschaft der Sadduzäer. Beides nennt Er Sauerteig, vor dem Seine Jünger sich hüten sollen.

Matthäus 16, 23. Da war Jesus nicht in erster Linie hart gegen Petrus, sondern gegen sich selbst; weil er nicht erlaubte, daß Petrus in unrichtiger Weise Partei für Ihn ergreifen solle. Alle, die unser Eigenleben stützen, sollten uns sein wie Satan.

Matthäus 18, 11. Das, was verloren ist in unsern Brüdern und Schwestern, verloren für Gott, sollen wir mit Ihm dem Vater zurückbringen, bis die verlorene Welt als eine errettete dem Vater zu Füßen gelegt ist.

Das Erbe, das Jesus Seinen Jüngern gelassen hat, war die verlorene Welt. Und der Knecht, der sein Pfund vergraben hat, statt es auf Zins anzulegen, ist einer, der mit diesem zurückgelassenen Erbe nicht gewuchert hat, der sich nicht gekümmert hat um das Verlorene um ihn her. 3. Mose 25 lesen wir, daß in Israel ein Bruder für den andern ein Löser sein mußte.

Matthäus 19, 14. Jesus hatte Zeit, Liebe, Hochachtung für das Kleine. Er war der Kleinste unter den Kleinen.

Matthäus 20, 23. Jesus konnte auch sagen: »Das habe Ich nicht, das kann Ich nicht, das steht nicht in Meiner Macht.«

Matthäus 27, 39. 40. Es ist fast keine Bosheit, die nicht an Ihm sich rächen wollte. Warum? Weil Er ihr nicht gedient hat: darum ihr Zorn. Die Sünde will geliebt und getan sein. Wer sie nicht tut, den haßt sie wie den größten Übeltäter.

Matthäus 27, 62–64. Auch den toten Leib Jesu und das Grab hassen und fürchten sie noch. Haß und Furcht gehen immer nebeneinander her und über das Grab hinaus.

4. Das Blut des Lammes (2. Mose 12)

Zum erstenmal in der Bibel begegnen wir hier dem Ausdruck: »Das Blut des Lammes!« und zwar in einer doppelten Bedeutung: Erstens als einer Kraft gegenüber Gott und zweitens als einer Kraft gegenüber dem Würgeengel. Wir sind gewohnt, von »der Kraft des Blutes Christi« zu sprechen. Viele denken sich darunter ein Gefühl, eine spürbare Kraft. Hier sehen wir, daß es etwas viel Höheres ist als ein Gefühl; es ist eine tatsächliche Kraft, sogar

eine Kraft gegenüber Gott!

Kraft des Blutes sind wir Gott nahegebracht und werden Gott nahegehalten. Kraft des Blutes können wir uns jeden Augenblick Gott nahen, dürfen wir rufen: »Abba, lieber Vater,« können wir Segen und Erhörung von Ihm erwarten. Kraft des Blutes können wir eintreten in das Heiligtum und Gemeinschaft mit Gott haben.

Nur so können wir vor Seinem Angesicht stehen als Könige, dürfen wir bitten vor Ihm als Priester. Der Priester durfte nicht ohne Blut ins Allerheiligste eintreten. Bevor er einen Schritt vorwärts tat, mußte er das Blut sprengen. Nur auf diesem Boden, besprengt mit Blut, konnte er sich Gott nahen.

In Offenbarung 1, 5 lesen wir, daß uns Jesus geliebt und gewaschen hat von unsern Sünden mit Seinem Blut, daß wir sollten sein Könige und Priester vor Gott, Seinem Vater. Der Platz, den uns Jesu Blut gegeben hat, ist vor dem Angesicht Seines Vaters.

Wer faßt hier den geheimen Rat?
Nur wer den Geist des Glaubens hat,
der durch des Lammes Blut zusammenschreibt,
was sonst wohl himmelweit geschieden bleibt.

Wir und Gott wären wohl ewig weit geschieden geblieben. Aber so weit hat's Christi Blut gebracht, daß wir als Priester in Seinem heiligen Tempel stehen dürfen, um teilzunehmen an den Dingen Seines Reiches, daß wir ein- und ausgehen dürfen bei Ihm, wie Kinder bei ihrem Vater.

Hier forscht und betet an, ihr Cherubim,
bewundert es und jauchzt und danket Ihm!

Seht, das ist eine tatsächliche Kraft! Und ihre Erkenntnis wirkt tiefe Beugung und innigen Dank, heilige Scheu und kindliches Zutrauen. Aber das Blut des Lammes ist nicht nur eine Kraft für uns gegenüber Gott, sondern auch

eine Kraft für Gott gegenüber uns!

Gott sprach: »Wenn Ich das Blut sehe, so werde Ich an euch vorübergehen!« Kraft des Blutes konnte Gott in Gnaden an den Israeliten vorübergehen, die ja von Natur aus nicht besser waren als die Ägypter. Kraft des Blutes konnte Gott in Seiner Heiligkeit und Gerechtigkeit an den Israeliten vorübergehen, ohne daß diese verletzt wurden. Kraft des Blutes kann uns Gott jeden Augenblick segnen, sich uns nahen und mit uns Gemeinschaft haben. Seit das Blut des Lammes auf Golgatha vergossen ist, kann und will Gott jedem Menschen begegnen in Gnade und Barmherzigkeit.

Das konnte Er vorher nicht, weil Ihn Seine Gerechtigkeit daran hinderte. Darum sorgte Gott zuerst für die Erlösung durch das Blut, weil Er mehr noch als wir die Gemeinschaft mit uns wünschte. Denn Er ist ja die Liebe. So können wir den großen Missionsbefehl verstehen: »Gehet hin in alle Welt . . .«. Vorher konnte das nicht gesagt werden. Aber jetzt sollte diese Botschaft mit Begeisterung weitergesagt werden: Gott liebt die Welt!

Aus unserm Kapitel sehen wir auch, wie das Blut

eine Kraft dem Feinde gegenüber ist.

Wo das Blut am Pfosten angestrichen war, mußte der Feind vorübergehen. Durch die Sünde haben wir uns dem Teufel freiwillig verkauft. Jede Sünde ist ein Pfandschein, mit dem wir uns ihm verpfänden. Aber als Christus uns mit Seinem Blut loskaufte, hat Er die Handschrift, die wider uns war, ausgelöscht. Wir sind frei, ewig frei von des Teufels Macht. Er kann an unsere Haustür kommen; aber er muß vorübergehen. Das Blut des Lammes erlaubt es ihm nicht, an uns irgendeine Forderung zu stellen. Stehst du hinter dem Blut des Lammes? Ist alles in deinem Leben unter die versöhnende und reinigende Blutskraft gebracht? Steht alles bei dir unter dem Zeichen des Blutes? Nichts anderes rettet dich. Vor nichts anderem schreckt der Feind zurück als vor dem Blut des Lammes.

Aber das Blut ist auch

eine Kraft uns selbst gegenüber

und vor allem eine Kraft unserm Gewissen gegenüber.

Der Grund unseres Friedens ist das Blut des Lammes. Was unser Gewissen reinigt von den toten Werken, von den Belastungen und Befleckungen, ist das Blut. Was unser Gewissen stillt und befriedigt, ist das Blut. Was unsere Vergangenheit zudecken und gutmachen kann, ist allein das Blut Jesu.

Der Grund, auf den Gott unsern Frieden gegründet hat, ist Christus und Sein Blut. Suche du keinen anderen! Tritt auf diesen Boden, und du kommst aus der Nacht des Zweifels und aus dem Sumpf der Ungewißheit heraus. Deine Hingabe, dein Dienst geben dir vielleicht eine gewisse Befriedigung, aber nicht die Befriedigung, der wir im Tiefsten unseres Wesens bedürfen. Dies wird erst dann Wahrheit, wenn wir sagen können:

Auf dem Lamm ruht meine Seele,
betet voll Bewund'rung an;
alle, alle meine Sünden
hat Sein Blut hinweggetan!

Was gab den Israeliten in jener Nacht des Schreckens und des Gerichts Frieden? Einzig und allein das Lamm und sein Blut. Es war in jener Nacht ganz auf das Lamm angewiesen. Ohne Lamm Furcht, ohne Lamm Zittern, ohne Lamm Verderben! Aber das Bewußtsein, daß das Lamm, das Gott ihnen gegeben hatte, an ihrer Statt die Strafe erduldet hat, daß das Gericht, das sie verdient hatten, auf das von Gott ausersehene Lamm gefallen war, und die Überzeugung, daß diese Errettung eine Tat Gottes ist, machte sie so sicher und voll Frieden, daß, während außen an ihren Hütten der

Verderber vorbeiging, sie drinnen mit den Ihren das Lamm aßen. Dieser Friede war der Errettung würdig; denn der geringste Zweifel in dem Herzen der Israeliten hätte Gott zum Lügner gemacht. Gott hatte gesagt: »Sehe Ich das Blut, so werde Ich an euch vorübergehen!« Das war ausreichend. Nicht die persönliche Würdigung der Israeliten, nicht ihre Gefühle, die sie über diese Rettung empfanden, nicht das Interesse, mit dem sie das Blut zu schätzen verstanden, nicht einmal ihr Glaube, sondern das Blut allein war ihre Rettung. Alle, die sich unter dem Schutz des Blutes befanden, waren in vollkommener Sicherheit; denn ihr Rettungsmittel war von Gott gegeben, und Gott hatte verheißen, daß Er es anerkennen wird. Nicht daß der Israelite das Blut sah, gab ihm Frieden, sondern daß Gott es sah.

Es kann Stunden und Augenblicke geben, in denen du es für unmöglich hältst, daß die Erlösung auch für dich ausreichen soll, wo du nicht mehr das Blut siehst. Aber sei stille, laß es dir genug sein, daß Gott es sieht und daß Er verheißen hat: »Sehe Ich, Ich das Blut, so will Ich an euch vorübergehen!« Auch das kleinste Kind in der Hütte des Israeliten, das weder verstand noch sah, war so sicher gerettet wie der beste und größte Mann. Es gibt viele, auch unter den Kindern Gottes, die immer wieder wie die Brüder Josephs sagen: Vergib uns doch, so vergib uns doch! (1. Mose 50, 17). Aber was tat Joseph, als er solches hörte? Er weinte! So betrübst auch du mit deinem Unglauben das Herz Jesu. Das Blut ist eine Kraft, die auf uns wirkt, ohne unser Dazutun, wie Johannes in Offenbarung 1, 5 sagt; ist eine Kraft, mit der unser Glaube wirkt, wie wir in Offenbarung 7, 13 lesen. So ist das Blut

eine Kraft gegenüber der Versuchung.

»Wie sollte ich ein so groß Übel tun und wider Gott sündigen«, ich, der ich mit dem Blut des Sohnes Gottes erkauft bin. Soll ich Sünde tun, die dem Sohn Gottes das Leben gekostet hat? Nein! So sagt der, der verstanden hat, was es heißt, mit dem Blut des Lammes erkauft zu sein. Was gab den Märtyrern die Kraft, ihr Leben nicht teuer zu achten? Was gibt uns die Kraft, gegen Sünde, Teufel und unser eigenes Leben siegreich zu bestehen? Gewiß nichts andres als das Blut des Lammes. Wo das Blut verstanden wird, ist es immer eine Kraft zu einem heiligen Leben. Das Blut ist

eine Kraft im Blick auf eine begangene Sünde

und Befleckung. In 4. Mose 19 lesen wir, daß der Israelit, der sich an einem Toten verunreinigt hatte, zum Reinigungswasser kommen mußte, um sich reinigen zu lassen. Und er sollte ausgerottet werden, nicht weil er sich verunreinigt hatte, sondern weil er sich nicht hatte reinigen lassen.

Dieses Reinigungswasser bedeutet für uns das Blut Christi, das uns Gott gegeben hat zu einem immer fließenden Born gegen alle Sünde und Unreinigkeit. Und wenn jemand einen Toten angerührt hat, d. h. sich wieder befleckt mit dem alten Menschen, so darf und soll er zu dem reinigenden Blut kommen und nicht mit beflecktem Rock herumlaufen.

Das Blut des Lammes erweist sich besonders als

eine Kraft in der Stunde des Todes.

Wenn ein Christ den Tod nahen fühlt, spürt er wie vielleicht nie zuvor, daß er mit vollem Vertrauen in nichts als in dem teuren Blut Jesu ruhen kann. Jener fromme Mann, den man einige Minuten vor seinem Tode fragte: »Vater, wie ist dir jetzt zumute?« rief mit gefalteten Händen und mit zum Himmel gerichteten Blick:

»Bald ist es überwunden
nur durch des Lammes Blut,
das in den schwersten Stunden
die größten Wunder tut!«

Das Lamm essen!

Noch eine Wahrheit liegt in diesem Kapitel, nämlich die, daß Gott den Israeliten gebot, das Lamm, dessen Blut ihre Rettung war, in ihrer Hütte zu essen. Durch das Blut des Lammes wollte Gott die Israeliten schützen vor dem Würgeengel, wollte selbst mit ihnen in Gemeinschaft treten, sie annehmen und versiegeln als Sein Volk. Aber durch das Essen des Lammes sollten sie stark werden für den bevorstehenden Auszug.

Es ist nicht genug, die Kraft des Blutes des Lammes zu erfahren. Wir müssen auch das Lamm essen, d. h. Jesus genießen. Was heißt das, das Lamm essen?

Das Lamm essen heißt vor allem, in die

innigste Lebensgemeinschaft mit Jesus

eintreten, wie es in Johannes 15 und Römer 8 beschrieben ist. Es heißt, alles, was Er uns gebracht hat, in Wahrheit genießen. Wir essen das Lamm, wenn wir über Seinen Tod nachdenken, wie Er verwundet, blutend, sterbend am Fluchholz hing und Sünde, Schuld und Strafe trug an unsrer Statt. Hat sich da nicht immer eine wunderbare Ruhe, ein tiefer Friede und eine brennende Liebe in unser Herz gesenkt?

Wir essen das Lamm, wenn wir darüber nachdenken, daß Er ein Mensch war, der in allen Dingen versucht war gleichwie wir, ein Mensch, der jeden Kummer der Seele und jeden Schmerz des Leibes kennt und mit uns fühlt.

Wir essen das Lamm, wenn wir darüber nachsinnen, wie Er schon von Grundlegung der Welt an sich darauf eingestellt hat, für uns alle Verantwortung zu übernehmen, und wenn es mit uns aufs Äußerste kommen sollte und Er das Äußerste für uns tun müßte, Sein eigenes Leben einzusetzen.

War das nicht Genuß, der unsere zagende Seele mit Freude und Anbetung erfüllt? Oder wenn wir im Licht des Wortes unsere Zusammengehörigkeit mit dem Lamm erkennen durften, bestimmt von Ewigkeit her für Ihn, um für alle Ewigkeit an Seiner Seite zu stehen, war das unserm Mund nicht süßer als Honig und Honigseim? Und wenn unser Herz vorauseilt, dem kommenden Bräutigam entgegen, heißt das nicht das Lamm essen?

Das Lamm essen heißt aber auch,

in tiefere Todesgemeinschaft mit Ihm eingehen,

wie dies in Johannes 6, Römer 6 und Philipper 3 beschrieben ist. »Leben in sich selbst« hat nach dem Zeugnis Jesu nur der, der Sein Fleisch ißt und Sein Blut trinkt. Was heißt das anderes, als Todesgemeinschaft mit Ihm zu haben! Johannes 6 ist wohl nirgends besser illustriert und verständlich gemacht als gerade in 2. Mose 12. Wir wollen noch darauf achten, wie das Lamm gegessen werden sollte.

Gebraten am Feuer!

Darin liegt für uns eine doppelte Wahrheit.

Erstens stellt das am Feuer gebratene Lamm den stellvertretenden Christus dar, wie Er an unsrer Statt den Zorn Gottes trug, das Feuer des Gerichts erduldete, wie Er leidend an unsrer Statt unsere Sünde, unsere Strafe trug. Es muß unserer Seele tief eingeprägt bleiben, daß Er für uns litt – der Gerechte für den Ungerechten, um uns zu Gott zu bringen.

Zweitens bedeutet das am Feuer gebratene Lamm auch, wie Christus versucht worden ist allenthalben, wie Er geprüft und geläutert worden ist, aber in allem vollkommen erfunden worden ist. »Er hat in den Tagen Seines irdischen Lebens Bitten und Flehen mit lautem Schreien und mit Tränen geopfert« (Hebr. 5, 7). Sein Inneres und Sein Äußeres, Seine Gesinnung und Sein Wandel, beides mußte durch die Läuterung gehen.

Denken wir nur an die Versuchungsgeschichte und an Seine Stellung in Seiner Familie, unter Seinen

Jüngern und unter dem Volk. Und so wurde Er unser Licht, unser Heil und unsres Lebens Kraft.

Weiter lesen wir, sie sollten das Lamm

essen mit ungesäuertem Brot!

Im Alten wie im Neuen Testament stellt der Sauerteig das Böse dar. Paulus sagt den Korinthern: »Unser Opferlamm, das ist Christus, für uns geschlachtet. Darum laßt uns Ostern halten nicht im alten Sauerteig, auch nicht im Sauerteig der Bosheit und Schlechtigkeit, sondern im ungesäuerten Teig der Lauterkeit und Wahrheit« (1. Kor. 5, 7.8). Wir können nicht das Lamm »essen«, wenn wir noch in unserm alten Wesen gefangen liegen.

Der natürliche Mensch hat nicht nur keinen Sinn für das Lamm, sondern er stößt sich an der Lammesgestalt, an dem Lammessinn und an dem Lammesweg. Wir können auch nicht das Lamm essen, wenn wir in Bosheit und Schlechtigkeit und Bitterkeit unsern Brüdern gegenüberstehen. Unrichtige Stellung zu den Brüdern ist gleichbedeutend mit unrichtiger Stellung zu Christus, dessen Glieder sie sind. Wir können niemals diese innige Vereinigung mit Christus finden, wenn wir in Uneinigkeit mit einem Seiner Glieder sind.

Der Israelit sollte nicht nur mit ungesäuertem Brot das Lamm essen, sondern mußte allen Sauerteig aus seiner Grenze schaffen. Ist aller Sauerteig aus deiner Grenze?

Wir können auch nicht das Lamm essen, wenn wir Dinge in unserm Gedanken, Gefühls- und Geistesleben dulden, die mit der Heiligkeit Seiner Gegenwart in

Widerspruch stehen. Gott kann das Böse niemals dulden. Ein einziger unreiner, ungöttlicher Gedanke unterbricht schon die Gemeinschaft der Seele mit ihrem Gott. Wenn wir uns nicht sogleich bücken und diesen Sauerteig wegschaffen, kann die Gemeinschaft unmöglich wieder hergestellt werden. Viele können sich darum auch nicht des Blutes des Lammes erfreuen, weil sie den Sauerteig nicht aus ihrem Hause entfernen. Wie kann ich an die Versöhnung in Christus glauben, wenn ich selbst unversöhnlich bin?

Ich kannte einen Mann, der neun Jahre nicht an die Versöhnung in Christus glauben und keinen Frieden finden konnte, obwohl viele Jahre in seinem Hause Versammlungen waren. Was war der Grund? Er lebte unversöhnlich! Es ist unmöglich, sich der Errettung durch das Blut des Lammes und der Gemeinschaft mit Christus zu erfreuen, solange wir in Gedanken, Worten oder Werken im Bösen beharren. Bei vielen ist das Blut an die Türpfosten gestrichen, d. h. sie haben sich unter den Schutz des Blutes gestellt, aber der Sauerteig in ihren Häusern läßt sie nicht zur Gewißheit, zum Frieden und zum Genuß kommen. Darum schaffe den Sauerteig aus deiner Grenze!

Ein weiterer Punkt ist der, sie sollten das Lamm

essen mit bittern Kräutern!

Das mag einen doppelten Sinn haben. Erstens: Wir können nicht an Seinen Tod denken, ohne daran erinnert zu werden, was diesen Tod notwendig machte, nämlich unsere Sünden.

Bei dem Betrachten Seiner Leiden steigt doch immer

wieder die ernste Frage auf: Wie groß müssen meine Sünden sein, wenn Sie den Tod des Sohnes Gottes notwendig machten, dazu noch einen solchen Tod, wie Er ihn starb! Sich sagen müssen:

Ich, ich und meine Sünden,
die sich wie Körnlein finden
des Sandes an dem Meer,
die haben dir erreget
das Unglück, das dich schläget,
und das betrübte Marterheer!

das sind bittere Kräuter, aber sie sind gut. Sie vergällen die Sündenliebe.

Zweitens bedeuten auch die bittern Kräuter das »Mitgekreuzigtsein«. Wir sind mit Christus gekreuzigt. Dieses schließt vieles ein, was »bitter« für die Natur ist. Die Verbindung mit dem Lamm, der Gehorsam gegen Ihn und der Weg Ihm nach wird dir allerlei Bitteres bringen. Doch sind nicht die bittern Kräuter die Hauptsache, sondern das Lamm; sie sind nur eine Beigabe und nur für unsere Natur bitter. Für sie sind sie eigentlich bestimmt, damit sie daran sterbe. Predige das Lamm, und es wird dir allerlei Bitterkeit entgegengebracht werden. Folge dem Lamm, und du muß dich auf allerlei Bitteres gefaßt machen.

Du hast bis jetzt vielleicht ein sehr schönes Familienleben gehabt, aber bekehre dich heute, und schon morgen wird man dich in deiner Familie wie einen Fremden behandeln.

Die bittern Kräuter sind es, warum heute so viele das Lamm verschmähen. Sie möchten gern das Lamm essen, sich Seines Todes freuen, mit Seinem Blut sich schützen, Seines Verdienstes sich getrösten; aber die bittern Kräuter fürchten sie, und doch kann man es ohne diese nicht haben.

Den Israeliten wurde gesagt,

sie sollten das Lamm ganz essen!

Nichts sollte davon übrigbleiben bis zum Auszug. Der Weg dem Lamme nach ist ein Auszug aus unserm bisherigen Wesen und Leben, ein Ausziehen aus dem, was uns bisher Lust und Gewinn, Genuß und Freude war.

Nur wer das Lamm gegessen hat, kann dem Lamm folgen. Wer geschmeckt hat die Kräfte der zukünftigen Herrlichkeit, kann diese Welt mit ihrer Herrlichkeit drangeben. Wer den Schönsten unter den Menschenkindern gesehen hat, kann die Schönheit und das Bezaubernde dieser Welt vergessen. Aber nicht alle sehen Schönheit in Seiner Gestalt; nur solche wie Johannes vermögen in der Niedrigkeit Herrlichkeit zu sehen. Sie suchen Herrlichkeiten und Seligkeiten nicht, wie der fleischliche Sinn sich diese vorstellt, sondern Seinem Sinn und Seinem Wesen gemäß.

Wir stehen vor einem Auszug in dem Sinne, daß wir dem kommenden Heiland entgegengehen. Wer kann Ihm entgegenkommen?

Wer das Lamm gegessen hat,

wer es *ganz* gegessen hat und so ganz in des Lammes Bild umgestaltet worden ist.

Was heißt das, das Lamm ganz essen?

Doch gewiß nichts andres, als den ganzen Christus,

wie Er uns von Gott gegeben ist zur Weisheit, zur Gerechtigkeit, zur Heiligung und zur Erlösung, *ganz* angenommen zu haben und auch Ihm ganz gehorsam, hingegeben und ausgeliefert zu sein!

Die Schrift braucht fünf Ausdrücke für unsre Zusammengehörigkeit mit Christus. In jedem Ausdruck liegt eine weitere und tiefere Wahrheit, die stufenmäßig im praktischen Leben erfahren werden muß.

Christus ist nicht nur *für uns* gekreuzigt, sondern wir sind auch *mit Ihm* gekreuzigt. Die Schrift spricht nicht nur von dem, was wir haben *in* Christus, sondern sagt uns auch von dem, was Christus *uns* sein will; sie sagt nicht nur, daß Er für uns war, sondern sagt auch, daß »wir für Ihn« sein sollen.

Was das heißt, das Lamm ganz essen, kann uns allein der Heilige Geist aufschließen, das lernen wir allein zu Jesu Füßen und in der Nachfolge, wie Jesus den Juden gesagt hat: »So jemand will des Willen tun, der wird inne werden . . .« Der Weg zum Verstehen ist das Tun.

Was das heißt, das Lamm essen, hätte man dem Apostel Paulus, den Märtyrern und überhaupt den ersten Christen nicht erklären müssen. Sie haben es verstanden, was es heißt:

Das Lamm ganz essen!

Aber auch wir lernen und verstehen es, wenn wir Ihm folgen. Den Israeliten wurde noch geboten, sie sollen

das Lamm mit Eile essen

oder wie die Lutherbibel sagt: »als die hinwegeilen.« Wer hält das Reich Gottes auf? Wer hält das Kommen

Jesu auf? Nicht die unbekehrte Welt um uns her, auch nicht die unbekehrten Heidenvölker, sondern Gottes Volk, das versäumt hat, das Lamm zu essen, es ganz zu essen. Der Herr wartet nicht unbedingt auf die Bekehrung aller Völker. Das ist Sache des Tausendjährigen Reiches, dort werden die Völker bekehrt. Der Herr wartet auf Sein Volk, das Er sich erkauft hat aus den Völkern, damit sie als Könige und Priester vor Seinem Vater stehen sollten, stehen an Seiner Seite – ein Geschlecht, mit dem Er neu anfangen kann auf der Erde, wenn der Anbruch Seines Reiches gekommen ist.

Wir leben jetzt noch in »der Haushaltung des Heiligen Geistes«. Aber nicht mehr lange, dann bricht das »Reich des Sohnes« oder »das Tausendjährige Reich« an. Doch auch dieses ist nicht das vollkommene, sondern nur eine Anbahnung für das »Reich des Vaters«, für das uns Jesus im »Vaterunser« beten gelehrt hat – das ist das ewigbleibende und vollkommene, weil es das »Vaterhaus« ist.

Gott gibt nicht auf, sondern fängt immer wieder neu an, wie wir es in der Geschichte des einzelnen und in der Geschichte Seines Reiches auf Erden vielfach sehen.

Jesus begann mit zwölf Männern, und diese zwölf Männer brauchte der Heilige Geist, für den Namen und für das Reich des Sohnes ein Volk zuzurichten, das Ihn kennt, versteht und Ihm folgt. Mit diesem Volk wird der Herr im Tausendjährigen Reich die Völker gewinnen für das »Reich des Vaters«.

Zum Schluß ist noch gesagt:

In welcher Kleidung sie essen sollten!

Also sollt ihr es essen: Eure Lenden gegürtet, eure Schuhe an euren Füßen und euren Stab in eurer Hand. Soll das nicht heißen, daß man uns auch in unserm Äußern als ein abgesondertes, wartendes Volk erkennen soll? Als ein Volk, das in seiner gegenwärtigen Stellung mit seiner zukünftigen Bestimmung im Einklang steht? Als ein Volk, das bereit ist, Ihm entgegenzueilen? Als ein Volk, das ergriffen ist von dem, was es noch nicht ergriffen hat, wie Paulus in Philipper 3 sagt? Sollte man uns nicht kennen als ein Volk, das erlöst ist von dem, was andern ihr Leben ist, abgesondert für den Dienst Gottes, pilgernd einer bessern Heimat zu, wartend auf die Zukunft des Menschensohnes? Nichts würde die Welt von der Echtheit des Christentums so überzeugen, als ein solches Leben!

5. Gemeinschaft des Blutes Christi
(1. Kor. 10, 16.)

Einige Gedanken über den Genuß des heiligen Abendmahls, mitgeteilt am Tisch des Herrn

Heute kommt die Gemeinschaft mit dem Blut Christi am deutlichsten zum Ausdruck beim Abendmahl. Sonst empfangen wir alle Segnungen, die uns im Blut gegeben sind, auf eine unsichtbare Weise; aber hier empfangen wir die Gemeinschaft oder den Anteil am Blut Christi auf eine zweifache Weise: auf eine geistliche und auf eine sichtbare Weise.

Auf eine geistliche Weise

In Johannes 6, 53 sagt Jesus: »Wenn ihr nicht das Fleisch des Menschensohnes eßt und Sein Blut trinkt...« Hier ist das »verklärte Blut« des Christus gemeint. Unser Haupt ist ein verklärtes Haupt, und so ist auch Sein Blut ein verklärtes Blut, das ich jede Stunde, so oft ich müde und matt bin, so oft mein Geist der Erquickung bedarf und mein Leib der Stärkung, genießen kann.

Weil es ein verklärtes Blut ist, kann ich es jederzeit genießen, kann ich Abendmahl mit Ihm halten, dem verklärten Haupt, und Er mit mir.

Auf eine sichtbare Weise

Hier im Abendmahl, das ich in Gemeinschaft mit meinen Brüdern und Schwestern genieße, nehme ich teil an dem Blut Christi auf eine sichtbare Weise. Das

Abendmahl ist kein Sinnbild; denn auf dem Boden des Neuen Testaments gibt es keine Sinnbilder mehr; da ist alles Realität. Wenn das Abendmahl nur ein bloßes Sinnbild wäre, könnte der unwürdige Genuß nicht die Folgen haben, wie sie Paulus aufzählt: Schwachheit, Krankheit und früher Tod. Nein, es ist nicht ein bloßes Sinnbild, sondern hier in diesem Kelch, den wir gesegnet, d. h. den wir anerkannt und für den wir gedankt haben, habe ich die Gemeinschaft des Blutes Christi und nichts weniger. Wenn ich es nicht so nehme, so versündige ich mich, darum, daß ich nicht unterscheide den Leib des Herrn, d. h. daß ich dieses mir hier Gegebene nicht vom Gewöhnlichen unterscheide.

Das Abendmahl ist ein Stärkungsmahl

Paulus sagt: »Sooft ihr von diesem Brot eßt und aus diesem Kelch trinkt, verkündigt ihr den Tod des Herrn, bis Er kommt!« Während wir dieses Brot miteinander brechen, verkündigen wir untereinander durch dieses Tun: für uns ist der Leib des Herrn gebrochen worden; und während wir diesen Kelch einander reichen, verkündigen wir voreinander: für uns ist das Blut Christi vergossen worden. So stärkt das Abendmahl unsern Glauben, weckt unsere Liebe auch zu neuer Hingabe an Ihn.

Aber das Abendmahl ist nicht nur ein Stärkungsmittel für den Geist, sondern auch für den Leib. Die Gemeinschaft des Blutes Christi, die ich hier genieße, reicht doch gewiß auch bis in mein Blut hinein! Und wenn man sich durch unwürdigen Genuß des Abendmahls Schwachheit, Krankheit und frühen Tod trinken kann, warum sollte man sich nicht durch würdigen Genuß desselben Kräftigung, Gesundheit und Verlängerung des Lebens trinken können?

Das Abendmahl ist ein Freudenmahl

Freilich für viele ist es das nicht. Für viele ist es ein Mahl der Angst. Sie fürchten, sie könnten nicht die rechten Gefühle haben, und so geht ihnen vielfach der Segen, der in dieses Mahl gelegt ist, verloren. Es handelt sich auch hier nicht um Gefühle, sondern es kommt auf die Gesinnung an. Unwürdig oder würdig hängt nicht von Gefühlen ab, sondern von der Gesinnung. Wann nehme ich das Abendmahl würdig? Wenn ich dieses Brot in der gleichen Gesinnung nehme, in der Christus am Kreuz Seinen Leib hat brechen lassen; wenn ich diesen Kelch nehme und trinke in der gleichen Gesinnung, wie Christus dort am Kreuz Sein Blut vergossen hat; dann nehme ich das Abendmahl würdig. Dazu nehme ich es doch auch vor allem, um in dieser Lammesgesinnung gestärkt zu werden, um mich auch so geben zu können für andere, wie Er sich gegeben hat. So wird mir das Abendmahl zum Freudenmahl, so verkündige ich mir selbst und meinem Selbst und allen meinen fünf Sinnen den Tod des Herrn.

Und so wird mir

das Abendmahl auch ein Verbindungsmahl

zwischen meinem erhöhten Haupt und mir, zwischen

meinen Brüdern und Schwestern und mir. Leider ist das Abendmahl, das ein Verbindungsmahl sein sollte zwischen den Gliedern Christi, ein Trennungsmahl geworden. Man hat aus »dem Tisch des Herrn« einen »Parteitisch« gemacht, wo Brüder sich an die Stelle des Hauptes gestellt haben. Und wenn Paulus von dem Nichtunterscheiden des Leibes des Herrn spricht, so meint er vielleicht in erster Linie damit, daß man es wagt, das Brot zu brechen und dabei den Bruder, für den der gleiche Leib gebrochen und das gleiche Blut geflossen ist, und der in gleichen Beziehungen zu dem Haupte steht, verachtet, keine Gemeinschaft mit ihm hat; allein, weil er nicht zu der gleichen »Partei« gehört und nicht unter der gleichen Fahne marschiert. So macht man sich schuldig des Leibes und des Blutes des Herrn. Denn Christus starb, damit Er die zerstreuten Kinder Gottes zusammen brächte. Er starb, um den Zaun, der dazwischen war, wegzutun. Wehe dem, der trennt, wo er sammeln sollte! Wehe dem, der Zäune aufrichtet, die Christus niedergerissen hat!

Nirgends als im Abendmahl kommt unsere Gemeinsamkeit so zum Ausdruck und erfährt die brüderliche Liebe einen solchen Impuls. Während wir diesen Kelch trinken – sagen wir damit nicht, daß wir alle von einem Blute sind? Was kann enger verbinden als ein Blut? Und während ich mit diesem Bruder das Brot breche, sage und verkündige ich damit nicht vor der Versammlung und vor dem Himmel, ja vor dem ganzen Universum: »Für meinen Bruder wurde der Leib des Herrn gebrochen?« Wie groß wird der in meinen Augen, für den Christus gestorben ist! O der Geist schließe es uns auf, was das heißt: die Gemeinschaft des Blutes Christi!

Nirgends so wie im Abendmahl sind wir in eine Stellung gebracht, einen tieferen Geistessegen zu empfangen; denn hier, wo wir den Leib des Herrn empfangen, geben wir selbst unsern Leib hin, und so kann der Geist auch Besitz nehmen von unserm Leib.

Das Blut des Sohnes Gottes, das ist der rote Faden, der uns hinleitet bis zum Throne Gottes.

Predige das Blut Christi, dann hast du alles gesagt von Gott und Christus, Gottes ganzes Herz.

6. Das Lamm in der Mitte des Thrones (Offb. 5)

In der Elberfelder Bibel ist dieses Kapitel in drei Abschnitte eingeteilt, und am Anfang eines jeden Abschnittes steht das Sätzlein: »Und ich sah!« Johannes beginnt:

»Und ich sah in der rechten Hand dessen, der auf dem Throne saß, ein Buch, beschrieben innen und außen, versiegelt mit sieben Siegeln. Und ich weinte sehr, weil niemand für würdig befunden wurde, das Buch aufzutun und hineinzusehen.« Was ist das für ein Buch, bei dessen Anblick die Augen des Johannes sich mit Tränen füllten? Es ist die verdorbene Geschichte der Menschheit; es ist deine und meine verdorbene Lebensgeschichte. Es ist ein Buch voll Ach und Weh, beschrieben innen und außen. Gott zählt nicht nur die Dinge, die sich in unserm äußeren Leben abspielen, nein, auch alles, was in unserm Innern, in unsern Gedanken, Gefühlen und Empfindungen vor sich geht. Bekanntlich hat unser Innenleben viel mehr Vorgänge aufzuweisen als unser Leben nach außen. Das alles ist in der Rechten Gottes wie ein beschriebenes Buch. Da stehen nicht nur Begehungen, sondern auch Unterlassungen, nicht nur Taten, sondern auch Gedanken. Denn Finsternis scheint vor Ihm wie der Tag.

Gott kann uns Dinge schauen lassen, die unser Herz erzittern machen und unsere Augen mit bitteren Tränen füllen, so daß wir kraftlos vor Ihm zusammenbrechen. Das ist der erste tiefere Blick, den der Heilige Geist einer Seele gibt, die nicht mehr vor Ihm flieht (Ps. 139, 7). Nur der Heilige Geist kann uns zeigen, was Unglaube ist, was ein Leben in Selbstsucht, Eitelkeit, Neid und Unaufrichtigkeit in Gottes Augen zu bedeuten hat. Es kann sein, daß wir diesen Blick erst erhalten, nachdem wir schon zehn Jahre bekehrt sind und schon fünf Jahre im Dienst des Herrn stehen, nachdem wir wie der verlorene Sohn unsere Vergebungsgnade verjubelt haben in Selbstsucht und Selbstherrlichkeit und dastehen am Trebertrog unseres großgezogenen »Ichs«. Da heißt es dann in Wahrheit: »Da kam er zu sich selbst!«

Bekanntlich ist der »verlorene Sohn«, besser gesagt der »verschwenderische Sohn«, nicht ein unbekehrter Mensch, sondern ein Sohn des Hauses, der aber auf einem anderen Weg Freiheit und Herrlichkeit suchte als in den Wegen, die sein Vater mit ihm gehen wollte. So hat er seine Gnade verzehrt, statt vermehrt, hat versäumt, weitere und tiefere Gnade zu empfangen, und ist darum in Teuerung, d. h. innere Leere und Dürre hineingekommen.

Kürzlich sagte eine Diakonisse: »Ich habe meine Gesundheit ruiniert durch Nachtwachen, nur weil ich frömmer scheinen wollte als die übrigen Schwestern und im Mutterhaus als eine treue Schwester angesehen sein wollte. Mein Leben ist eine Kette von Unaufrichtigkeiten; nicht Gott, sondern mir selbst habe ich gedient mit jeder Faser meines Wesens.«

Jemand anders bekannte: »Ich wußte bis jetzt nicht, daß man sein Leben aufopfern kann im Dienste der Selbstsucht. Nun sehe ich es ein; denn ich selbst habe es getan!«

Was fromm ist in den Augen der Menschen, ist nicht auch fromm in den Augen Gottes. Vieles, was von den Menschen als heilig bewundert wird, wird im Heiligtum nicht anerkannt. So kann es sein, daß eine Seele nach Jahren ebensosehr erschrickt und in Not gerät beim Anblick ihres frommen Selbstlebens, als sie vor Jahren in Not und Schrecken kam beim Anblick ihres Sündenlebens. Beides ist nicht das gleiche. Auch geht die Erkenntnis beider nicht immer Hand in Hand mit unserer Selbsthingabe.

Aber der Heilige Geist läßt uns nicht stehen bei diesem ersten Blick. Er führt weiter und zeigt uns

das Lamm.

Wer dem Geist folgt, wird nicht schwermütig. Der Geist Gottes verdammt nicht, sondern richtet nur, und Sein Gericht führt zur Lösung und Erlösung. Sein

Richten bedeutet soviel wie »zurechtrichten«, wie der Steinhauer einen Stein zurechtrichtet, damit er in die Mauer eingefügt werden kann.

Der Heilige Geist führt dahin, daß wir an uns selbst verzweifeln, aber nicht an Gott und an Seiner Gnade. Leute, die immer an der Gnade verzweifeln wollen, sind nie an sich selbst verzweifelt. Daß wir immer wieder in neue Bankrotte hineingeführt werden, ist kein Beweis dafür, daß wir nicht Kinder des Lichts sind. Im Gegenteil, es ist ein sicheres Kennzeichen, daß wir im Licht wandeln. Freilich ist es auch ein Beweis dafür, daß noch ein Überrest vom eigenen Leben vorhanden ist, sonst müßten ja solche Zusammenbrüche nicht stattfinden. Denn der Heilige Geist wird niemals ruhen, bis alles, was Fleisch an uns und in uns ist, vollständig entfernt und niedergeworfen ist. So führt der Herr durch Gericht zum Sieg. »Aber die Töchter Judas frohlocken wegen Deiner Gerichte, Jehova«, sagt der Psalmist im 97. Psalm. Sie wissen, daß es nur durch Gericht zum Siege geht, sowohl bei ihnen als auch bei andern. So wird die Seele zubereitet für den zweiten tieferen Blick:

Den Blick für das Lamm.

Johannes fährt fort: »Und ich sah mitten zwischen dem Thron und den vier Gestalten und mitten unter den Ältesten ein Lamm stehen ..., und es kam und nahm das Buch aus der rechten Hand dessen, der auf dem Thron saß.« Der Blick für das Lamm ist mehr, als Vergebung der Sünden zu haben.

Johannes sah, wie das Lamm das Buch aus der

Rechten Gottes empfing. Das Lamm hat unsre verdorbene Lebensgeschichte wie die verdorbene Lebensgeschichte der ganzen Menschheit in Seine Hand genommen. Ja, alle Dinge sind Ihm vom Vater übergeben. In Seine Hand hat Gott unser Leben gelegt. Das will sagen, daß Gott Erlösung geben wollte in dem Lamm, daß es keine Erlösung gibt außer dem Lamm, daß wir dem Lamm gehören. Gott hat alles, was unser war, unsere Vergangenheit und unsere Zukunft, unsere ganze Geschichte mit ihren dunklen und hellen Seiten in des Lammes Hand gelegt. In dem Lamm sind alle Fragen der Sündennot und des Sündenelends gelöst. Das Lamm allein kann unsre Tränen stillen, unser Herz befriedigen und unser Gewissen beruhigen.

Was wäre aus dir und mir geworden, was wäre aus der Menschheit überhaupt geworden, wenn nicht hinter all unserm Elend das Lamm gestanden hätte? Was bliebe uns anderes übrig als Tränen und Verzweiflung? Gleich dem Johannes hätten wir nur bittere Tränen im Blick auf unser Leben. Aber wie seine Tränen gestillt wurden, als ihm das Lamm gezeigt wurde, so auch die unsern, denn Er hat unser Leben in Seine Hand genommen, und wir dürfen von Ihm sagen, wie Naemi zu Ruth von Boas: »Warte nun ab, meine Tochter, der Mann wird nicht ruhen, er bringe es denn heute zu Ende« (Ruth 3, 18). Warte ab, Er kann aus Ruinen Denkmale Seiner Gnade machen! Warte ab, Sein Blut macht den tiefsten Schaden gut! Warte ab, Er kann aus Gebundenen solche machen, die in Freiheit leben, aus Kindern der Finsternis und der Lüge solche, die in Licht und Wahrheit einhergehen, aus Selbstsüchtigen solche, die Ihm dienen in Heiligkeit und Gerechtigkeit! Warte ab, Er wird keine Mühe sparen, bis Er uns zum Ziel gebracht hat.

Weil das Lamm unsere Geschichte in Seine Hand genommen, gibt uns das die Garantie, daß wir zum Ziel gebracht werden. Wir haben viele trauernde und zagende Gotteskinder. Und warum? O sie haben nur den einen Blick! Sie haben nur sich selbst gesehen, aber nicht auch das Lamm. Was machte Paulus so freudig, Petrus so gewiß, Johannes so fest im Glauben?

Sie haben das Lamm gesehen

Noch eines Blickes wird Johannes gewürdigt; er fährt fort im dritten Abschnitt:

»Und ich sah . . .« Er sah das Lamm in der Mitte des Thrones, d. h. Seine Stellung, die Ihm von Gott dem Vater gegeben ist. Er sah das Lamm inmitten der lebendigen Wesen und der Ältesten und hörte, wie alle Kreaturen im Himmel und auf der Erde und unter der Erde und im Meer Ihm huldigten, Ihn anbeteten, Ihm dankten. Er merkte: Das Lamm ist der Mittelpunkt und Anziehungspunkt der ganzen Schöpfung, alles steht in Beziehung zu Ihm, alles hofft und wartet auf Ihn; alles ist durch Ihn und zu Ihm und für Ihn geschaffen; Jesus ist vor allem, und es besteht alles in Ihm. Johannes sah das Lamm in Seiner *Liebe.* Es kam und nahm das Buch in Seine Hand. Er sah das Lamm in Seinem *Sieg;* sieben Augen hatte es, das sind die sieben Geister Gottes, die gesandt sind in alle Lande; d. h. Sein Geist, Sein Sinn, Seine Art wird siegen in allen Landen.

Dem Lamm gehört die Zukunft. Die Sanftmütigen

werden das Erdreich besitzen, und von diesen ist Er der Erste. Das heißt auch, daß wir nur durch das Lamm den Geist Gottes haben, und dieser kann nur da sein, wo man auf die Seite des Lammes getreten ist.

Er sah das Lamm in Seiner *Macht;* sieben Hörner hatte es auf Seinem Haupt, d. h. die vollkommene und bleibende Macht hat allein das Lamm.

Er sah das Lamm in Seiner *Herrlichkeit;* eine siebenfache Krone wurde Ihm gegeben: Macht, Reichtum, Weisheit, Stärke, Ehre, Herrlichkeit und Segnung. Er sah, wie Sein Erscheinen in der Mitte des Thrones alles in freudige Bewegung bringt. Auch die Kreaturen unter der Erde und im Meer beten an; denn sie dürfen sich nun sagen: In dem Lamm Gottes gibt es auch für uns noch Heil und Rettung! Johannes sah, was *Anbetung* ist. Er hörte die Engel sprechen: Würdig ist das Lamm, das geschlachtet worden ist zu »empfangen«! Und die vier lebendigen Wesen hörte er sprechen: »Amen!« Und die Ältesten sah er niederfallen.

Wann beten wir an im Geist und in der Wahrheit? Wenn wir Gott »geben«, was Gottes ist, wie es die Engel taten; wenn wir »Amen« sagen auf alles, was Gott tut wie die lebendigen Wesen; wenn wir wie die Ältesten, bewegt durch Seine Güte und Majestät, vor Ihm niederfallen. Wenn alle Kreatur im Himmel und auf Erden und unter der Erde und im Meer sich vor dem Lamme beugt; was sollen denn wir tun? Wenn die lebendigen Wesen sprechen: »Amen!«, was sollen dann wir sagen? Wenn die Engel, die nicht teilhaben an der Erlösung durch Sein Blut, sprechen: »Würdig ist das Lamm, das geschlachtet worden ist!«, was sollen dann wir sprechen, die wir teilhaben an der Erlösung durch Sein Blut? Wir wollen uns auch *beugen* vor Ihm; auch wir wollen sprechen, laut und freudig sprechen: »Amen!« Auch wir wollen anbeten wie die Engel! Können wir das? Können auch wir dem Lamme *»Macht«* geben? Ihr werdet sagen: Nein! Und doch können wir Ihm Macht geben, Macht über unsere Zeit, Macht über unsre Fähigkeiten, Macht über unsern Besitz, Macht über Geist, Seele und Leib. O wenn das Lamm die Macht hätte über die, die sich zu Seinem bluterkauften Eigentum zählen, welche Macht könnte es in den Himmeln und auf Erden entfalten!

Können wir dem Lamm *Reichtum* geben? Gewiß! Auf welche Weise? Vornehmlich durch unsere Armut und durch unsere Verlegenheiten. Wieviel Reichtum würde das Lamm empfangen, wenn Gotteskinder ihre Verlegenheiten für Christus sein ließen: Seinen Namen zu verherrlichen! Wieviel Reichtum hat Georg Müller dem Lamm gegeben durch seine armen Waisen! Wieviel Reichtum hat Hudson Taylor dem Lamm gegeben, daß er seine Missionare ohne ein bestimmtes Gehalt aussandte!

Können wir dem Lamm *Weisheit«* geben? O ja! Wie denn? Wenn wir alles, was wir sind und haben, in Seine Hände legen; denn so bezeugen wir, daß niemand so weise und verständig und unsers Vertrauens so würdig ist wie Er. Wir geben dem Lamm Weisheit, wenn wir uns genau an Sein Wort halten, genau in Seine hinterlassenen Fußstapfen treten; es glauben, daß in unsern Händen vieles verdirbt (5. Mos. 10, 1.2), in Seinen Händen aber alles glückt (Jes. 53, 10).

Können wir dem Lamm »*Stärke*« geben? Ganz sicher! Wie macht man das? Laßt uns auf die Fußspuren derer schauen, die vor uns dem Lamm gefolgt sind (Hohesl. 1, 8). Wie hat Daniel, wie hat Paulus, wie hat Maria dem Lamm Stärke gegeben? Durch ihre Schwachheit! Seine Kraft wird in unsrer Schwachheit vollendet. Wo wir um Seinetwillen unterliegen, da kann Er mit Seiner Macht eintreten.

Können wir dem Lamm »*Ehre*« geben? Das ist uns klar. Wie wir Ihm Unehre bereiten können, so können wir Ihm auch Ehre geben.

Können wir dem Lamm »*Herrlichkeit*« geben? Ihr sagt: Das können wir nicht! Doch, auch das können wir. Wir selbst sind Seine Herrlichkeit (1. Kor. 11, 7), der Reichtum der Herrlichkeit Seines Erbes (Eph. 1, 18), die Fülle dessen, der alles in allem erfüllt (Eph. 1, 23). Können wir dem Lamm »*Segnung*« geben? O ja! Wenn wir dahin gebracht werden, daß uns nur das Segen ist, was Segen für Ihn ist, wenn wir aufgehört haben zu fragen: Was kommt für mich dabei heraus? sondern fragen: Was kommt für Jesus heraus? Der Herr lehre es uns!

7. Weg und Segen völliger Übergabe an Gott

»Darum will ich ihm die Vielen zur Beute geben, und er soll die Starken zum Raube haben, dafür daß er sein Leben in den Tod gegeben hat und den Übeltätern gleichgerechnet ist und er die Sünde der Vielen getragen hat und für die Übeltäter gebeten« (Jesaja 53, 12).

Der Weg und der Segen völliger Übergabe an Gott ist uns gezeigt in diesem Vers.

Der Weg

Von dem Lamm lesen wir: »Er hat Sein Leben in den Tod gegeben.« Das ist die rechte Weise, sein Leben zu übergeben. Die Übergabe ist eine Übergabe in den Tod. Wir übergeben unser Leben, um es zu verlieren. Diese Übergabe wird vom Heiligen Geist versiegelt. Da bedarf es dann keiner Wiederholung mehr. Wenn wir unser Leben immer wieder zurücknehmen können, nachdem wir es doch übergeben hatten, ist das ein Beweis dafür, daß unsere Übergabe nie eine völlige war und darum nicht vom Heiligen Geist versiegelt worden ist. Eine Übergabe, die vom Geist versiegelt ist, kann nicht so leicht gebrochen werden. Es kann auf dem Wege Abbiegungen geben; aber darüber straft der Geist so tief, daß die betreffende Seele lieber sterben möchte, als noch einmal einen solchen Ungehorsam zu begehen und eine solche Züchtigung zu erfahren. Sie spürt, sie würde darunter zusammenbrechen; denn je näher eine Seele in der Hingabe an Gott steht, desto »eifersüchtiger« ist der Geist um sie. Der »eifersüchtige Gott« ist vor allem der Heilige Geist, wie Jakobus es in Kapitel 4, 5 sagt. Er nennt Liebäugeln mit der Welt Ehebruch gegenüber Gott.

»Ich habe mich ganz dem Herrn übergeben und habe doch keinen Frieden«, sagte mir eine Christin. Wenn wir für unsre Übergabe etwas anderes erwarten, als daß Gott unser Leben in Seine Hand nimmt und darüber verfügt, wie Er will, so war unsre Übergabe keine Übergabe in den Tod. Ob Er uns dann braucht oder in die Ecke stellt, ob wir für unsern Dienst Anerkennung oder Verkennung finden, ob wir im Lichte gehen dürfen oder dunkle Wege gehen müssen, das alles nehmen wir aus Seiner guten Hand.

Es ist uns genug, zu wissen, daß Er unser Leben in Seine Hand genommen hat und wir nun Seine Gebundenen sein dürfen; sonst wäre unsere Übergabe nichts andres als ein Lotteriespiel. Wir haben ja gerade deswegen unser Leben in Seine Hand gelegt, weil wir es in unsern Händen nicht verlieren konnten; denn wir haben es immer wieder schnell gerettet, wenn es zum Verlieren kommen sollte. Aber in der Hand Gottes können wir unser Leben verlieren für Gott, und das heißt, es finden. Da wollen wir nicht mehr siegen über uns, sondern da lassen wir den Herrn über uns siegen. Da bindet uns jeder Lichtstrahl von oben fester auf den Altar völliger Hingabe an Gott. Da dient uns als Gottliebenden alles zum Besten.

Der Segen der völligen Übergabe an Gott

Am Kreuz sah der Weg und das Leben des Lammes aus wie eine große Täuschung; aber über dem Kreuz stand Gott und war mit heiliger Sorgfalt darauf bedacht, daß von dem Leben, das in den Tod gegeben war, nichts verloren ging. Daß Er sein vollkommenes Leben in den Tod gab, das schaffte Erlösung. Und so wurde Seine Übergabe in den Tod eine Quelle für den Heiligen Geist, aus der Er schöpfen und eine verschmachtete Menschheit sättigen konnte.

Schon in Seinem Leben war nichts, das als unbrauchbar beiseitegesetzt werden mußte. Der Geist konnte Schritt für Schritt dieses Leben brauchen zum Aufbau des Reiches Gottes. Darum mußt du es als Erbarmung Gottes ansehen, wie es Paulus in Römer 12 sagt, daß du dein Leben auf den Altar legen darfst. Solange du dein Leben in deiner Hand hattest, hast du es vergeudet; aber nun darfst du es auf den Altar legen, damit Ewigkeitsinhalt in dein Leben hineinkommt, damit dein Leben noch ein Material wird, das der Geist zum Aufbau des Reiches Gottes brauchen kann.

Auch dein Leben sollte eine Quelle werden, aus der Er schöpfen kann für andere, das Er brauchen kann als Muster und Ansporn für andere; wie Er das Leben eines Abraham, eines Paulus, eines Georg Müller brauchte. Darin besteht der Segen der völligen Übergabe an Gott. Es kommt etwas in unser Leben hinein, das nicht untergeht, sondern das der Geist aufbewahrt und zum Segen für andere brauchen kann.

8. Der Sieg im Kreuz oder Umgekommene Feinde

(2. Mose 14; Röm. 6.)

Wie Israel seinen Feinden, den Ägyptern, außerhalb des Roten Meeres nicht hätte begegnen können mit Sieg, so können auch wir außerhalb des Kreuzes nicht an einen Sieg denken über die Sünde. Der Ort des Sieges über die Feinde Israels, denen sie Knechte sein mußten, war im Roten Meer. Diesen Platz hatte Gott erwählt als den Schauplatz Seiner Machtoffenbarung an Seinen Feinden. Denn unsere Feinde sind immer auch Gottes Feinde. Darum sagt David: »Herr, Deine Feinde werden umkommen« (Ps. 92, 10). Er sah seine Feinde als die Feinde Gottes an.

Aus 1. Korinther 10 wissen wir, daß das Rote Meer ein Sinnbild für das Kreuz ist. Im Kreuz hat Gott uns den Sieg gegeben über die Sünde. Darum suche nicht außerhalb des Kreuzes den Sieg und die Befreiung von der Sünde. Wage nicht außerhalb des Kreuzes deinen Feinden zu begegnen. Deine Niederlage wäre so sicher, wie die der Israeliten gewesen wäre, wenn sie außerhalb des Roten Meeres dem Pharao und seinen eisernen Wagen hätten begegnen wollen. Hier im Roten Meer war der Schauplatz, an dem Gott gegen ihre Feinde stritt. Ihr Kampf bestand allein darin, auf der Seite ihres Gottes zu sein. Nicht durch ihre Hand kamen ihre Feinde um, sondern durch die Hand Gottes. Er stritt für sie aus der Wolken- und Feuersäule. Unsre Feinde sind umgekommen durch die Hand Gottes am Kreuz. Wir dürfen nun leben in dem Sieg, den Er für uns erstritt.

Du hast schon ein »Unmöglich« gesetzt hinter eine deiner Sünden. Lösch es wieder aus; denn hinter deinem »Unmöglich« steht Gott. Paulus sagt in Römer 8: »Was dem Gesetz unmöglich war« – es konnte keine Befreiung geben – das tat Gott und richtete die Sünde im Fleisch Seines Sohnes. Gott selbst begegnete der Sünde im Kreuz und richtete sie, wie Er selbst den Feinden Israels im Roten Meer begegnete und sie vernichtete. Und wie Israel von den Ufern des Roten

Meeres auf seine Feinde als auf umgekommene Feinde schauen durfte, so dürfen wir vom Kreuze aus auf unsre Feinde als auf umgekommene Feinde schauen – nicht durch unsere Hand, auch nicht durch unsern Glauben, sondern durch Gott, der die Sünde am Leibe Seines Sohnes richtet. Wir nehmen nur Stellung im Glauben zu dieser Gottestat und wollen nicht selber eine Tat vollbringen, die uns Erlösung bringen soll; dadurch würden wir Gott betrüben. Nehmen wir aber im Glauben Stellung zu dieser geschehenen Erlösungstat Gottes am Kreuz, so sind wir auf einen Boden gestellt, auf dem der Geist in uns eine Befreiung schaffen kann, wie sie Römer 8, 2 beschrieben ist; denn der Geist tut nichts von sich selber, auch nicht in der Befreiung von der Macht der Sünde, sondern verwirklicht nur die Gottestat, die am Kreuz für uns geschehen ist.

Wenn wir einmal vor dem Thron Gottes stehen, befreit und rein wie die Engel, dann ist das gar nichts anderes als die Verwirklichung der am Kreuz geschehenen Erlösung. Die Grundlage, auf der die Wirksamkeit des Geistes ruht, ist das Kreuz. Wenn der Geist nicht gegeben werden konnte, solange Jesus nicht gekreuzigt war (Joh. 7, 38.39), so kann Er auch da Seine segnende Macht nicht offenbaren, wo das Kreuz wissentlich oder unwissentlich beiseite gesetzt worden ist. Paulus sagt in Römer 5, 20: »Wo aber die Sünde mächtig geworden ist, da ist doch die Gnade noch viel mächtiger geworden.« O wenn Kinder Gottes doch nur einmal mit der Macht der Gnade ebenso rechnen würden, wie sie mit der Macht der Sünde rechnen!

Für andere ist die Frage: Wie bleib' ich frei von der Herrschaft der Sünde? Wenn ich das freigemachte Leben für Gott lebe. Das Kreuz hat ein Doppeltes getan: Es hat das, was dem Tode angehörte, dem Tode übergeben und das, was Gott angehört, freigemacht für Gott. Viele haben die erste Erfahrung gemacht, indem sie im Glauben dazu Stellung genommen haben, haben dann aber ihre freigemachten Glieder nicht Gott zur Verfügung gestellt und sind auf diese Weise wieder unter die Herrschaft der Sünde gekommen.

9. »Aus der Tiefe«

rufe ich, Herr, zu Dir! sagt David im 130. Psalm. Gott muß uns immer wieder in Tiefen führen, bis alles, was von uns stammt, untergegangen ist. Wir müssen immer wieder durch den Bankrott hindurch, bis alles Eigene zerbrochen ist. Israel mußte bei seinem Auszug aus Ägypten durch die Tiefen des Roten Meeres; und bevor es in das Land Kanaan einziehen konnte, mußte es durch die Tiefen des Jordan. Kaum hatte es den Boden des Heiligen Landes betreten, mußte es haltmachen und sich unter die scharfen Messer stellen, damit der letzte Rest, der sie der Welt gleichstellte, hinweggetan werde. Der Tod muß immer ein völliger sein, je größer die Verheißungen sind, deren wir teilhaftig werden sollen.

Viele fürchten sich vor den Tiefen. Sie sind einmal durch die Tiefe der Gewissensnot gegangen und meinen, nun sei es genug. Aber Gott hat weitere Tiefen für uns. Ja, gerade die Seele, die sich einmal hat in die Tiefe führen lassen, die möchte Gott in weitere führen. Sagt das nicht Jesus in dem Wort: »Jede Rebe an Mir, die Frucht bringt, die reinigt Er, daß sie mehr Frucht bringe.« Nicht die unfruchtbare Rebe reinigt Er, sondern die, die Frucht bringt. Auf diese richtet Er Sein prüfendes Auge. Da setzt Er Sein reinigendes Messer an. Da duldet Er auch nicht das geringste Schadhafte und Hindernde.

Fürchte dich nicht, in die Tiefe zu steigen; denn in der Tiefe ist Gott, da begegnet dir Gott, wie Er sagt: »Ich wohne bei denen, die zerschlagenen und demütigen Geistes sind, auf daß Ich erquicke . . .« (Jes. 57, 15). Viele haben aus dem Grund keine Begegnung mit Gott, können Gott auch nicht finden, weil sie nicht dahin wollen, wo Gott für sie ist und wo Gott auf sie wartet: in der Tiefe.

Eine junge Frau, die viele Monate Vergebung für ihre Sünden und Heilung für ihren kranken Leib suchte, konnte sie nicht finden, weil sie nicht dahin wollte, wo Gott mit diesem Segen auf sie wartete: in die Tiefe. Sie hatte sich fest vorgenommen, einen dunklen Punkt in ihrem Leben nie aufzudecken. Als sie es dann doch tat und sich demütigte, fand sie beides, Ruhe für ihr Gewissen und Heilung für ihren Leib.

Fürchte dich nicht, in die Tiefe zu steigen; denn in der Tiefe ist Herrlichkeit. Aus den Tiefen brachte David seine herrlichen, unvergänglichen Psalmen. Aus der Tiefe brachte Jesus Seine Herrlichkeit, wie wir in Philipper 2 lesen: »Er erniedrigte sich selbst . . . Darum hat

Ihn auch Gott erhöht.« Wir werden nur so weit erhöht werden können, soweit wir uns hier erniedrigt haben. Hier ist eine heilige Balance; nur soweit die Wagschale auf der einen Seite hinuntergeht, geht sie auf der anderen Seite hinauf.

Viele, die weiter geführt sein möchten, verstehen nicht, daß weitergehen nichts anderes bedeutet als tiefergehen. Daniel mußte in den Löwengraben, um seinen Gott kennenzulernen, wie er Ihn bis jetzt nicht gekannt hatte; und seine Freunde mußten in den Feuerofen, um den »Menschensohn« kennenzulernen, der mit in den Feuerofen geht und im Feuer nichts verbrennen läßt als unsre Fesseln. In der Tiefe sahen sie Herrlichkeit, die sie bis jetzt nicht gesehen hatten. In der Tiefe machten sie Erfahrungen, die sie niemals auf dem gewöhnlichen Weg hätten machen können. So macht Gott es auch mit uns. Er nimmt uns plötzlich das Gefühl und den Wert unsrer bisherigen Erfahrungen weg. Es ist, als ob alles nichts gewesen wäre und nichts in Seinen Augen gelte. Warum? Gott will uns weiter führen, in einen neuen Lebenskreis bringen. Damit wir uns nach dem Neuen ausstrecken, nimmt Er uns das Alte weg, wie Jesus in Johannes 6 den Jüngern ihre bisherigen Erfahrungen sozusagen durchstreicht mit den Worten: »Wahrlich, wahrlich, Ich sage euch: Wenn ihr nicht das Fleisch des Menschensohnes eßt und Sein Blut trinkt, so habt ihr kein Leben in euch« (Joh. 6, 53). Die Jünger standen in Gefahr, stehenzubleiben von dem Erlebten zu leben. Viele verstehen dieses Führen des Herrn nicht und kehren zurück zu den früheren Erfahrungen. Aber der Geist führt nicht zurück zu dem, was wir vor Jahren erfahren haben, sondern der Geist führt uns weiter. Wir sollen nicht noch einmal das Alte erfahren, sondern wir sollen Neues erfahren.

Vielen kann Gott gar nicht mehr anders begegnen als in der Tiefe. Nur noch hier ist eine Begegnung mit Gott möglich. Woanders ist Er für sie nicht mehr zu finden. David konnte sich nur so aus der Hand des Todes winden, daß er hinunterstieg und sagte: »Ich habe gesündigt!« (2. Sam. 12, 13).

10. Tiefere Reinigung

»Jede Rebe an Mir, die keine Frucht bringt, wird Er wegnehmen; und eine jede, die Frucht bringt, wird er reinigen, daß sie mehr Frucht bringe« (Joh. 15, 2).

Der Herr hat uns hier ein Thema gegeben, das weniger geeignet ist zum Predigen, wohl aber zum Stillwerden. Wir suchen nicht allein einen tieferen Einblick, sondern vor allem eine tiefere Stellung. Für beides wird der Weg gebahnt durch tiefere Reinigung. Der Herr will einen tieferen Schnitt, einen heilenden Schnitt in unser Wesen tun. Er will uns nicht nur reinigen vom Ungöttlichen, sondern auch vom Unnützen. Paulus wollte nicht nur frei sein von dem, was schadet, sondern auch von dem, was nicht frommt, was nicht für die Ewigkeit nützt. Und das ist doch vor allem gemeint, wenn der Herr hier sagt: »Jede Rebe an Mir, die Frucht bringt, wird Er reinigen, daß sie mehr Frucht bringe.«

In der tieferen Reinigung handelt es sich nicht um Bekehrung, nicht um Scheidung von bewußten Sünden, nicht um Beseitigung von Dingen, die den Menschen um uns her anstößig sind; sondern es handelt sich um Dinge, die nur der Eingeweihte als schädlich erkennt, die das Fruchtbringen nicht unmöglich machen, aber doch ein Hindernis sind, um mehr Frucht zu bringen. Das können Dinge sein, die in unsern Augen und in den Augen anderer durchaus nicht als ein Hindernis angesehen werden, sondern eher als ein Vorzug gelten. Aber in den Augen des Weingärtners sind sie nicht ein Vorzug, sondern ein Hindernis, von dem wir gereinigt werden müssen. Darum ist tiefere Reinigung ein Werk Gottes, wie Jesus sagt: »Die reinigt Er.«

Es ist ein Werk, das Gott tut, wie David im 139. Psalm bekennt: »Herr, du erforschest mich und kennst mich!« Wir kennen uns selbst nicht. Wir kommen zu einer tieferen Selbsterkenntnis auch nicht durch tieferes Nachdenken über uns selbst. Gott muß uns unser Leben aufschließen. In Seinem Licht sehen wir das Licht. Darum müssen wir in Seine Hand kommen. Tiefere Reinigung ist nicht ein Werk, wo der Mensch wirkt und handelt, sondern wo er das Handeln Gottes dulden und den Willen Gottes erleiden muß.

Wo Gott einsetzt bei dieser tieferen Reinigung, ahnen wir wohl alle. Sein Messer trifft vor allem unser Ichleben, das verborgene Ich, das vornehme Ich, das fromme Ich. Es gibt auch ein frommes Ich, das sich als göttliche Anmut produziert. Aber wenn der Wind des Herrn dareinfährt, ist es nur Gras, das verdorrt, und eine Blume, die abfällt (Jes. 40, 6–8), es ist nur Anmut des Fleisches, die untergehen muß. Hier will Gott eine tiefere Auslösung schaffen, so daß wir nicht mehr unsere seelischen Gemütsbewegungen für Bewegungen des Geistes ausgeben. Wir müssen es Gott erlauben, daß Er auf unser Beten, auf unser Zeugnis aus der Seele schreibt: »Unbrauchbar!« und es als solches abschneidet und wegwirft, damit unsere Umgebung das, was Gott durch uns geben will, rein bekommt und nicht mehr getrübt durch unsere seelischen Gemütsbewegungen.

Das Entgegengesetzte von dem seelischen Leben – aber ebenso hinderlich – ist die Energie, die aus der Natur stammt, die Gott immer vorauseilt, die Gott immer nachhelfen will, die immer für Gott wirken möchte und doch bei ihrem Wirken Gott ausschließt, ohne daß sie es weiß. Die alles tun will mit dem Segen Gottes, statt Gott das Wollen und das Vollbringen wirken zu lassen, wie es Ihm gefällt.

Abraham wollte Gott nachhelfen und die Erfüllung der Verheißung erleichtern, als er Hagar zum Weibe nahm und sie ihm den Ismael gebar. Gott war dadurch nicht erfreut, im Gegenteil, Gott zog sich von ihm 13 Jahre zurück.

Ein dritter Zug des frommen Ichs ist das Glänzenwollen für Gott. Nur wenige übergeben ihr Leben, um es zu verlieren. Nur wenige haben wie Paulus bei ihrer Bekehrung als erste Frage: »Herr, was willst Du?« Die meisten sagen, was sie wollen, und was der Herr tun soll. Sie wollen schwelgen in geistlichen Empfindungen und glänzen für Gott. Weil Gott dieser frommen

Selbstsucht auf jedem Schritt widersteht, fallen sie in Umdunklungen und Entmutigungen und verzehren ihre Kräfte durch unnütze Kämpfe, bis sie gelernt haben, daß Gott unsere Natur nicht nährt, sondern in den Tod führt.

Tiefere Reinigung bedürfen wir, um tiefere Segnungen empfangen zu können. Immer, wenn Gott Seinem Volk einen besonderen Segen geben oder dadurch ihm ein besonderes Werk tun wollte, mußte es zuvor auf eine tiefere Reinigung eingehen. Bevor Israel das Gesetz empfangen konnte, mußte es sich reinigen und heiligen lassen. Bevor Mose all die Herrlichkeit der Stiftshütte und der Opfer aufnehmen konnte, mußte er sechs Tage still in der Wolke des Sinai warten (2. Mose 24).

11. Und er mißriet!

»Und der Topf, den er aus dem Ton machte, mißriet ihm unter den Händen. Da machte er einen andern Topf daraus, wie es ihm gefiel« (Jer. 18, 4).

Warum mißriet der Topf unter des Töpfers Hand? Eins fehlte ihm. Als der Töpfer ihn hinauf formte und fast fertig war, kam er plötzlich auf einen harten Gegenstand, vielleicht auf ein kleines Steinchen, das nicht zermahlen war, und dieses machte einen Riß in den Topf, zerschnitt ihn. Vergeblich war die ganze Arbeit.

Was hat die Arbeit Gottes bei uns so lange vergeblich gemacht? Vielleicht nur eines. Es war etwas Hartes,

Ungebrochenes, Unerlöstes in unserm Wesen zurückgeblieben. Wie das heißt, weißt du gut genug, und vielleicht gebraucht der Heilige Geist in dieser Stunde dieses Wort, um noch einmal Seinen Finger auf dieses eine zu legen. Es wäre furchtbar, denken zu müssen, daß du um dieses einen willen ein mißratenes, unbrauchbares Gefäß werden müßtest für deinen Gott.

Zur Begründung des Gesagten möchte ich einige Beispiele aus der Schrift zeigen.

Du kennst Simson, diese schöne Gestalt. Er war ein Gesalbter Gottes. Ein hoffnungsvolles Gefäß bildete sich da unter der Hand des Töpfers; aber plötzlich mißriet es. Was war die Ursache? Wir lesen zweimal in seiner Geschichte: »Und Simson sah ein Weib.« Und was Simson sah, das mußte er haben. Das war das Unerlöste, das dieses schöne Gefäß verdarb und zu einem Scherben machte, den Gott nicht mehr brauchen konnte.

Eine ebenso schöne Gestalt war Saul. Was für ein feiner, demütiger Mann war er! Da hoffte jedermann, selbst ein Samuel, etwas Großes. Aber auch er mißriet. Warum denn? Wir lesen es in 1. Samuel 15, wo Samuel ihm seine Sünde vorhält und sagt: Eigenwille ist wie Abgötterei und Zauberei. Eigenwille war der harte Stein, der dieses Gefäß zu einem Scherben machte vor seinem Volk und vor seinen Feinden.

Wie denkst du von deinem Eigenwillen? Meinst du, es ist etwas in deinem Temperament, in deinem Blut, das man entschuldigen müsse? Denke, wie die Schrift denkt: Es ist Abgötterei und Zauberei!

Eine noch schönere Gestalt war Salomo, ein Gefäß so

ideal und schön, wie wir nur wenige in der Schrift finden. Auch er mißriet. Auch dieses Gefäß bekam einen Riß. Warum denn? Wir lesen: »Und seine Weiber neigten sein Herz!« Wohin denn? Zu den ausländischen Göttern, daß er ihnen außerhalb der Stadt Altäre baute.

O welch eine Demütigung, nicht nur für ihn, auch für uns, daß der, der den Tempel baute, die Stätte der Anbetung des lebendigen Gottes, den Götzendienst einführte.

Wenn wir nun gefühlt haben, was es heißt: »Wer da meint, er stehe, der mag wohl zusehen, daß er nicht falle«, dann legt es sich hier mit einem Ewigkeitsgewicht auf uns. Keine Erfahrung und keine Stellung, was du auch für Gott gewesen sein magst, schließt dich von dieser Gefahr aus, ein mißratenes Gefäß zu werden, zuletzt noch einen Riß zu bekommen. Ja gerade deine geförderte Stellung bringt dich in Gefahr, dein Innerstes zu offenbaren.

Vielleicht hat der Topf nicht zu Anfang einen Riß bekommen, sondern erst, als er bereits fast fertig war. Es gibt Dinge in unserm Innenleben, die weit hinten liegen, und erst offenbar werden, wenn vielleicht unsere Stellung eine verantwortliche oder gesicherte ist.

Laßt uns noch einen Schritt weiter zurückgehen. Die Friedlosigkeit so vieler Kinder Gottes – liegt sie bei den meisten nicht nur in einem Punkt, in dem sie sich nicht erlösen ließen? Wäre dieser *eine* gelöst, so gäbe es einen Durchbruch auf der ganzen Linie.

Bei vielen heißt es wie bei Amazja, von dem wir

lesen: »Er tat, was dem Herrn wohlgefiel – aber nicht von ganzem Herzen« (2. Chron. 25, 2). O diese »Aber« in der Bibel hinter der Lebensbeschreibung so vieler! Es muß ein Leben möglich sein ohne »Aber«.

Noch einen Schritt rückwärts. Glaubt ihr nicht, daß wir viele in der Hölle antreffen würden, und wenn wir sie fragen würden: Was hat dich hierher gebracht? »Nur eines!« Wenn wir die erste Tür zum Abgrund aufmachen, wen finden wir da? Einen Demas! Und wenn wir bis zum untersten Kerker gehen, wen finden wir da? Einen Judas! Was hat sie dahin gebracht? Nur eines!

Und wenn ich euch zu den Toren des Himmels führen würde, und ihr zusehen könntet, wie Unzählige hart abgewiesen werden, so würdet ihr finden: »Nur eines hat ihnen gefehlt!«

Dieses eine war schuld, daß sie verlorengingen.

12. Eine neue Schöpfung

»Ist jemand in Christus, so ist er eine neue Kreatur; das Alte ist vergangen, siehe, Neues ist geworden« (2. Kor. 5, 17).

Der wiedergeborene Mensch ist eine neue Schöpfung. Aber erst eine neue Schöpfung in seinem Innern, in seinem Geist: Eine neue Gesinnung. Dies ist das erste Kennzeichen eines Wiedergeborenen. Damit ist dieser Kreis »eine neue Schöpfung«, aber nicht abgeschlossen, sondern es ist nur der Anfang gemacht.

Neue Kreise schließen sich an, bis in Wahrheit »alles neu« geworden ist.

Diese neue Schöpfung fordert auch einen neuen Leib und das mit Naturnotwendigkeit. Vielleicht gibt es kein sichereres Kennzeichen für einen wiedergeborenen Menschen als das Verlangen nach »Durch-und-durch-Heiligung« von Geist, Seele und Leib. Denn durch und durch geheiligt werden, bedeutet hier auch durch und durch *neu* werden. Darum ist es jedem Wiedergeborenen ein tiefer Ernst, jedes Glied seines Leibes Gott so auszuliefern, wie wir es Römer 12, 1–3 lesen.

Drittens verlangt die neue Schöpfung in uns auch eine neue Schöpfung um uns. Man sucht die Gemeinschaft mit Gleichgesinnten. Wir lesen von den Wiedergeborenen an Pfingsten als von »Hinzugetanen«, und sie blieben beständig in der Gemeinschaft. So haben wir ein drittes Kennzeichen eines Wiedergeborenen. Aber noch mehr. Die neue Schöpfung fordert zuletzt auch eine neue Umgebung, wie sie Offenbarung 21, 1–6 beschrieben ist: eine neue Wohnung, einen neuen Himmel und eine neue Erde.

Es kann aber keinen neuen Himmel und keine neue Erde geben, solange es nicht neue Leiber gegeben hat. Darauf wartet alles! Das ist der Punkt, in dem wir noch weit im Rückstand sind. Hiervon hängt alles ab für die Zukunft und für den Fortschritt im Reich Gottes.

13. Göttliche Heilung (2. Kor. 5, 17)

Von diesem Gesichtspunkt aus wird auch die Heilung durch den Glauben in ein ganz anderes Licht gerückt. Heilung, göttliche Heilung ist von diesem Gesichtspunkt aus gar nichts anderes als ein Angeld und ein Unterpfand für die Verklärung unsers Leibes der Niedrigkeit in den Leib Seiner Herrlichkeit. Somit ist jede göttliche Heilung ein Sieg und ein Fortschritt des Reiches Gottes.

Wenn die Kinder Gottes dem Herrn die Verklärung ihres Leibes zutrauen sollen, müssen sie Ihm auch die Heilung ihres Leibes zutrauen. Ich weiß nicht, ob die Gemeinde das Erstere und Größere kann, solange sie nicht das Kleinere gelernt hat.

Von diesem Gesichtspunkt aus können wir dann auch nicht mehr sagen: Heilungen gehören in die ersten Christengemeinden. Nein, sie gehören noch mehr in die letzten Christengemeinden, weil wir mit der Erlösung unseres Leibes dem Ziele näher gerückt sind als jene.

Die Heilungen Jesu waren mehr als bloße Werke der Barmherzigkeit, sonst hätte Er ebenso bei anderen Nöten stehenbleiben müssen, wie Er bei Krankheit stehengeblieben ist – es waren Werke der Befreiung und Erlösung.

Zweitens nicht allein aus dem Grunde, damit an dem Menschen, den die Ärzte als unheilbar aufgegeben haben, der Name Gottes verherrlicht werde – dies könnte ja sonst auf andere Weise auch noch geschehen, sondern damit Gott wieder zu Seinem »Lebensrecht« kommt und ein weiterer Sieg des Reiches Gottes sichtbar ist.

Daß der Feind durch den Fall ein besonderes Recht über unsern Leib gewonnen hat, geht aus der Geschichte des Reiches Gottes klar hervor für den, der sie mit Unbefangenheit prüft. Daß die Leiber der ersten Christen ins Gefängnis und auf den Scheiterhaufen gebracht worden sind, das hat nicht Gott getan, sondern kein anderer als der Feind.

Wenn heute die Gemeinde Jesu wieder aufwachen würde zum Sieg über die Krankheit, und der Feind seine Macht, die er sehr oft in der Krankheit hat, verlieren müßte, würden bald wieder die Scheiterhaufen in Brand sein.

Daß einzelne Kinder Gottes, die auf dem Boden göttlicher Heilung standen, dann selber von schweren Krankheiten gebunden worden sind, ist kein Beweis dafür, daß ihr Dienst nicht gottgefällig war und die eigene Krankheit ein Korrigieren Gottes wäre; im Gegenteil, weil sie allein standen als Vorposten gegen den Feind, haben sie eine Schlappe erlitten, und statt sie zu verurteilen, sollten wir Buße tun. Die Krankheit und die Gefangenschaft, in die manche Kinder Gottes auf diese Weise hineingekommen sind, hat oft mehr der Gemeinde überhaupt gegolten als dem einzelnen Gliede selbst, das davon betroffen wurde. Wie auch Saul an seinem Fall nicht allein schuld war, sondern ebenso das Volk Israel, das zuerst im Ungehorsam stand.

Sündenfall, Krankheit und Tod sind ineinander gegliedert wie eine Kette.

»An dem Tage, da du von ihm issest, mußt du des Todes sterben« (1. Mose 2, 17).

»Sie wurden gewahr, daß sie nackt waren.« (1. Mose 3, 7).

»Im Schweiße deines Angesichts sollst du dein Brot essen« (1. Mose 3, 19).

»Unter Mühen sollst du Kinder gebären« (1. Mose 3, 16).

Die Strafen, die das Volk im Alten Bund trafen, waren meistens Leibesstrafen, oder der Leib hatte darunter zu leiden.

Das Zukurzkommen der Kinder Gottes im Neuen Bund offenbart sich vor allem am Leib und wird sich noch offenbaren. Siehe die törichten Jungfrauen (Matth. 25).

Jesus hat nicht Seelen erlöst, sondern Menschen, und ein Mensch ist nach 1. Thessalonicher 5, 23 Geist, Seele und Leib.

Krankheit ist am besten zu vergleichen mit Gefangenschaft. Die Gefangenschaft ist an und für sich nichts Gutes; aber sie kann zu etwas Gutem dienen, wenn man sich nicht damit aussöhnt, sondern sich heraussehnt.

Israel kam in die Gefangenschaft nach Babel. Sie hatte die gute Wirkung, daß das Volk vom Götzendienst erlöst wurde. Nie mehr fiel Israel von da an in den Götzendienst zurück. Aber die Gefangenschaft hat nur denen gedient, die sich mit ihr nicht aussöhnten, wie die beiden Stämme Juda und Benjamin.

Solange man sich heraussehnt aus der Ichbezogenheit und Krankheit (die oft sehr nahe beieinander sind), in Jesus hinein sich glaubt und lebt und liebt, kann die Krankheit demütigend, läuternd und erziehend wirken. Wo das nicht der Fall ist, führt die Krankheit oft mehr abwärts in Selbstmitleid, in Verzagtheit und oft noch in greuliche Sünden hinein. Welche Macht oft hinter der Krankheit steht, erfährt man erst, wenn man in Jesu Namen Stellung gegen sie nimmt und demütig Auslösung erwartet.

Die Krankheit kann der Herr als Erziehungsmittel brauchen. Erst hat sie sich als ein Fluch, welcher der Sünde auf dem Fuß folgte, auf die Menschen gelegt. Durch die Sünde von Gott abgefallen, sind wir in des Feindes Hände gefallen. Aber unser Gott, der aus Bösem Gutes hervorzubringen weiß, braucht die Folgen des Falles, um Seine Menschenkinder wieder in die Arme ihres Erretters zu treiben.

Im Alten Bund züchtigte der Herr Sein Volk und einzelne mit Krankheit, damit sie Buße tun, zu ihrem Gott zurückkehren sollten, damit Er ihnen vergebe und sie heile.

Als der verheißene Erretter Jesus, ein Seligmacher von Sünden, im Fleisch erschien, heilte Er alle Kranken, die zu Ihm kamen oder mit Ihm in Berührung traten.

Jesaja 53, 4 verpflichtete Ihn zu tun, was in Matthäus 8, 16. 17 geschrieben steht. Ihm war es das größte Anliegen, daß die Schrift erfüllt werde.

Die Heilungen kranker Leiber in Jesu Namen setzten die Apostel auf Sein Geheiß fort (Apostelg. 3, 6) und übertrugen dies dann auch den Ältesten in der Gemeinde (Jak. 5, 14–16).

In 2. Korinther 4, 10 sehen wir, daß Paulus das Leben Jesu nicht nur in seinem Geist geoffenbart hat, sondern auch in seinem sterblichen Fleisch. Obschon zur Bewahrung in der Demut ihm der Herr den Pfahl aus dem Fleisch nicht wegnehmen konnte, gab Er ihm so viel Lebensgnade, daß sie genügte.

1. Korinther 6, 13 sagt uns, daß der Leib dem Herrn und der Herr dem Leib gehöre, und stellt uns die hohe Bestimmung vor Augen, die unser Leib hier schon hat und für alle Ewigkeiten haben wird. O daß die Gemeinde Gottes aufwachen würde zu ihrem hohen und heiligen Beruf und auch ihre Leiber wieder dem zurückgeben würde, der sie mit Seinem Blut und so mit der Opferung Seines heiligen Leibes für Gott erkauft hat (Offenb. 5, 9). Es würden die Lebensoffenbarungen in sterblichen Leibern wieder mehr erfolgen; die Leiber, die Glieder Jesu Christi sind (1. Kor. 6, 15), würden Zeugnis geben von dem Leben, das vom Haupt ausgeht, und auch unsere tote Umgebung würde etwas von dem erfahren, was Jesus in Johannes 7, 38 sagt: »Ströme lebendigen Wassers werden von euren Leibern fließen.«

Auf Grund der Erlösung, die auf Golgatha durch das Lamm Gottes zustande gekommen ist, kann nun Gott auf verschiedene Weise nach Seiner göttlichen Souveränität Heilung geben.

In unsern Häusern sind Kranke geheilt worden, die noch keine Wiedergeburt erfahren haben, Kranke, die mit der Vergebung der Sünden auch Heilung empfingen. Etliche wurden durch Handauflegung geheilt, zu anderen kam das Wort und machte sie gesund. – Viele bekamen Licht, so daß sie in Jesus, dem Gekreuzigten und Auferstandenen, ein volles Heil für den ganzen Menschen erkannten. Da heißt es dann: »Wer es fassen mag, der fasse es.« Manchen wurde es gegeben, in die Erlösung durch Glauben hineinzugehen und Heilung zu erfahren.

Bevor die Heilung wie zu den ersten Zeiten wieder Allgemeingut der Gemeinde werden kann, muß es erst einen Durchbruch in der Gemeinde geben.

Göttliche Heilungen dürfen wir nicht nur auf den Boden der Gebetserhörungen stellen. Sie sind mehr, weil sie mit inbegriffen sind in der Erlösung nach Jesaja 53, 4; Matthäus 8, 16. 17.

Vergebung unserer Sünden ist nicht nur eine Gebetserhörung, sondern sie wird uns zuteil durch Buße und Glauben an den Herrn Jesus. Ebenso die Reinigung von Sünden und die Befreiung vom alten Menschen nach Galater 2, 19, wo Paulus bezeugen kann: »Ich bin mit Christus gekreuzigt.«

Daß die Heilung, verkündigt als ein Teil der Erlösung, nicht wie wir wünschten in die Erfahrung tritt, ist kein Beweis dafür, daß sie nicht gottgewollt ist.

Wir predigen jahraus, jahrein Vergebung, Heiligung und Erlösung in Christus, und doch sind viele in den Versammlungen, die keine Vergebung haben, die nicht geheilt sind, nicht in der Freiheit wandeln, mit der Christus sie frei gemacht hat. Wollte darum jemand sagen: »Vergebung, Heiligung, Erlösung sind nicht in Christus? Sie sind nicht eine von Gott gewollte

Sache?« Gewiß nicht! Ebensowenig können wir das sagen in bezug auf das Ausbleiben der göttlichen Heilung, trotz der Verkündigung. Heute noch bleibt wahr: »Wer glaubt dem, was uns verkündet wurde, und wem ist der Arm des Herrn offenbart?« (Jes. 53, 1).

Wir dürfen Erfahrungen, die wir machen oder nicht machen, nie *über* das Wort Gottes stellen, sie gehören *unter* das Wort Gottes.

Abraham machte seine Glaubensprobe nicht in bezug auf die Seele, sondern an seinem Leibe und am Leibe der Sara.

Heilungen sind der Beweis Seiner Gegenwart unter uns (Mark. 16, 15, 18).

Heilung ist das Brot der Kinder, sagt Jesus zum kanaanäischen Weib. So bestimmt Kinder von ihrem Vater Brot erwarten, so bestimmt dürfen wir von unserm himmlischen Vater Heilung erwarten.

Wir sind als Diener des Herrn der Gemeinde schuldig, ihr auch hierin das Brot nicht vorzuenthalten.

Sünde und Krankheit gehen oft Hand in Hand. Als Diener des Herrn müssen wir den Menschen in beiden dienen können. Jesus vergab die Sünden und heilte die Krankheit. Er gab auch Seinen Dienern diesen doppelten Auftrag.

Es ist für Diener des Herrn wichtig, die göttliche Stellung der Krankheit gegenüber einzunehmen. Das um so mehr, als in unsrer Zeit das leibliche Elend mit Riesenschritten vorwärts eilt und sich der leidenden

Menschheit so viele falsche Heiler anbieten: Zauberei, Geistheilung und anderes mehr.

Heilung zu seiner Spezialaufgabe zu machen, wie einige es getan haben, ist nicht richtig. Für einen Diener Jesu Christi gilt, erst das Evangelium zu verkündigen und dann die Kranken im Namen Jesu zu heilen.

Ob Gebet um Heilung Gott gefällig ist, sehen wir aus Apostelgeschichte 4, 30. 31, wo die Jünger um die Offenbarung des Armes Gottes in Heilung beten. Was geschah? Die Stätte wurde bewegt, und alle empfingen neue Geistesmitteilungen. Wir sehen hier am besten, was Gott von der Heilung denkt.

Wir finden nicht einmal in der Bibel, daß die Krankheit in Schutz genommen wird als etwas Gutes, für das man Gott danken müsse. Aber Buße sollen wir tun, uns beugen und Heilung suchen bei unserm Gott. Die Krankheit wird in den meisten Fällen als Strafe bezeichnet, und zwar von Gott selber. Sie wird als Demütigung gebraucht, als Zaum und Gebiß, als Gewicht. Die Krankheit erinnert uns an unsern gefallenen Zustand. Sie hat selbst einen Hiob dazu gebracht, daß er töricht redete.

Gott läßt nicht immer volle Heilung eintreten. Er zerbricht unsere Kraft auf dem Wege, aber gürtet uns mit Seiner Kraft, d. h. Er gibt uns, soviel wir brauchen, und hält uns so in Seiner Abhängigkeit, daß wir Ihn brauchen.

Krankheit ist nicht immer die Folge einer besonderen Sünde, sondern kann die Folge des Sündendruckes sein, der auf der ganzen Menschheit lastet (Joh. 9, 3).

Die göttliche Heilung macht einen Teil des Heils aus, das wir in Christus haben; darum können wir hier in ganz anderer Weise Erhörung erwarten als bei irgendeinem anderen Gegenstand.

Jede Gebetserhörung ist ein geliehenes Gut. Das ist besonders von der wiedergeschenkten Gesundheit zu sagen. Mit geliehenen Gegenständen geht man vorsichtiger um als mit den eigenen.

Der Herr sagt uns durch Jakobus: »Rufet die Ältesten«, und Er geht noch weiter und sagt: »Bekennt einander eure Sünden und betet füreinander, daß ihr gesund werdet« (Jak. 5).

Wenn ein Glied krank ist, bemüht sich der ganze Leib, um dieses eine kranke Glied, um es wieder zur Gesundheit zu bringen. Sollte es am Leibe Christi anders sein?

14. Welches war Abrahams eigentliche Aufgabe?

In seiner schweren Krankheit beschäftigte sich Georg Steinberger immer wieder mit Fragen des Reiches Gottes.

Sein Geist mußte trotz großer Leibesnot forschen. Dann und wann, wenn es ihm möglich war, schrieb er mit zitternden Händen auf ein Stück Papier seine Gedanken nieder. Daraus sehen wir, was ihn fast bis zum Heimgang beschäftigt hat, nämlich die Frage: Wie können wir einen fruchtbaren Dienst tun? Sein tiefster Schmerz war fast bis zuletzt, daß er mit seinem persönlichen Leben nicht ganz für seinen Herrn hingegeben gewesen ist.

Nachstehende Zeilen sind die letzte Niederschrift des heimgegangenen Bruders.

Welches war Abrahams eigentliche Aufgabe? Im Lande der Verheißung Same der Verheißung zu sein. Das sollte die eigentliche Frucht seines Lebens sein. Dazu bedurfte es der fortgesetzten Übergabe an den Herrn, und all der schweren Glaubensprüfungen.

Abraham eilte Gott voraus in der Zeugung des Ismael. Die meisten eilen Gott voraus und haben im Fleische Frucht gewirkt. Darum haben wir heute trotz des vielen Dienstes verhältnismäßig wenig eigentliche Geistesfrucht. Unser Dienst, unser Zeugnis war nicht Inspiration von oben, was es doch unbedingt sein sollte, sondern etwas nach menschlicher Weisheit Zurechtgelegtes und von uns sowie den Menschen als gut Anerkanntes, aber nicht etwas von Gott.

»Ach, daß er vor Dir leben sollte,« sagte Abraham. Ismael bekam ja auch einen Segen, aber nicht den Segen der Verheißung. Gewiß ist auch in dem Dienst und der Aufopferung vieler ein gewisser Segen, aber nicht *der* Segen ...

Wer das verstanden hat, wird nicht an ein Werk gebunden, der glaubt sich nicht unentbehrlich; der kann auch vom Schauplatz abtreten.

Übergabe und Frucht – damit betrat Abraham einen Weg, von dem er vorher keine Ahnung gehabt hat. Er hatte eine am schwersten erscheinende Lektion zu lernen. Leben aus dem Tod, Frucht aus Sterben.

Frucht für Gott ist dasjenige, das von Ihm in unser Leben hineingekommen ist, das der Heilige Geist zum Aufbau des Reiches Gottes brauchen kann, wie Jakob die beiden Söhne der Asnath, die sie von Joseph gehabt hat, nahm und sie in die Reihe der Erzväter als ewige Grundsteine des Reiches Gottes stellte (Offenb. 7, 6. 8).

Im Leben unseres Herrn war alles brauchbar für den Geist. Da war nichts, das verloren war, von dem Herzen der Kindlein auf Seinem Schoß bis zum Todesgang ans Kreuz, alles konnte der Geist zum Aufbau des Reiches Gottes brauchen.

Freilich, am Kreuz sah Sein Leben wie verloren aus, wie ein großer Fehlgriff; denn es war in den Tod gegeben (Jes. 53, 11). Das verstanden Seine Zeitgenossen und selbst Seine Jünger nicht. Aber über dem Kreuz stand der Heilige Geist und wachte darüber, daß von diesem in den Tod gegebenen Leben nichts verloren ging.

Dieses in den Tod gegebene Leben ist für den Heiligen Geist eine Quelle geworden, aus der Er schöpfen konnte Gnade um Gnade, Leben um Leben, bis eine durch Sünde ruinierte Menschheit wieder für Gott hergestellt ist.

Das ist auch das Ziel des Geistes mit der Gemeinde.

Das war das Ziel der Apostel in ihrer Arbeit an den einzelnen. Paulus sagte den Galatern: »...die ich abermals unter Wehen gebäre« (Kap. 4, 19).

Aber nicht nur die Apostel hatten das als Ziel, nein, schon den Heiligen im Alten Bunde stand als höchstes Ziel vor Augen, was David im 17. Psalm sagt: »Ich will satt werden, wenn ich erwache, an Deinem Bilde.«

Die Fruchtbarkeit fängt an in dem Augenblick, wo wir in allen Dingen nur noch die Verherrlichung Gottes im Auge haben, auf nichts und niemand mehr Rücksicht nehmen als auf unsern Gott.

So stand unser Herr; darum konnte Er uns ein Vaterunser geben.

Die verschiedenen Gebetsbitten im Vaterunser sind unterschiedliche Zustände im Gebets- und Geistesleben, und in der letzten heißt es: »Dein ist die Herrlichkeit von nun an bis in Ewigkeit!«

Das muß unser Werk und das Siegel unseres Lebens sein: »Dein ist die Herrlichkeit.« Gott allein die Ehre, nicht mir und keiner Kreatur.

Wir müssen solche sein, die das Vaterunser bis zu Ende beten: »Dein ist die Herrlichkeit von nun an bis in Ewigkeit!«

Da gibt's kein Schwanken mehr, da gibt's kein Besinnen und kein Bereuen mehr betreffs der Übergabe an Gott.

Dann werden wir eine Schar, an der sich etwas entscheidet, und das Wort wird wahr: »Den einen ein Geruch des Lebens zum Leben, und den andern ein Geruch des Todes zum Tode« (2. Kor. 2, 16).

Übergabe und Gemeinschaft

Wir übergeben uns Gott, und Gott gibt sich uns, und da fängt die eigentliche Gemeinschaft mit Gott an. Wir haben mit Gott etwas gemeinschaftlich. Bis dahin war unser Leben mit Gott ein bloßer Verkehr mit Ihm, nun aber wird es zur Gemeinschaft mit Ihm.

Paulus wußte, daß ihm das Evangelium anvertraut war. In diesem Bewußtsein liegt die Kraft und die Autorität, die gesalbte Knechte Gottes haben.

Nachstehende Verse waren Georg Steinbergers Lieblingslied. Es redet die Sprache seines Herzens, das sich so leidenschaftlich nach seinem Ursprung zurücksehnte.

Fraget doch nicht, was mir fehle,
forschet nicht nach meinem Schmerz!
Durst nach Gott füllt meine Seele,
Drang zu Gott bewegt mein Herz.
Gebt mir alles, und ich bleibe
ohne Gott doch arm und leer,
unbefriedigt, dürstend treibe
in der Welt ich mich umher.

Ach, wann werd' ich dahin kommen,
daß ich Gottes Antlitz schau!
Aller Eitelkeit entnommen
nur auf Ihn allein vertrau!
Ach, wann werd' ich so Ihn haben,
daß mir nichts mehr Ihn entreißt,
so mit allen Seinen Gaben,
wie sein Wort Ihn mir verheißt!

Ach, ich weiß, die angefachte
Sehnsucht bleibt nicht ewge Qual;
der die Seele dürstend machte,
stillet ihren Durst einmal.
Wenn die Wüste sich vertauschen
darf mit Edens Lustgefild,
wo die Lebensströme rauschen,
o, da wird mein Durst gestillt!

(Philipp Spitta, 1801–1859)